बुद्धि से बोध तक

कविताओं में विश्व के प्रमुख दर्शन

डॉ मुकेश अग्रवाल

अनुक्रम

मन की बात

"बुद्धि से बोद्ध तक: कविताओं में विश्व की प्रमुख दार्शनिक विचारधाराएं" पुस्तक को आपके सामने प्रस्तुत करते हुए मेरा हृदय अत्यधिक प्रसन्नता और संतोष से भरा है। यह संग्रह न केवल विश्व के प्रमुख दार्शनिक विचारों को प्रस्तुत करने का एक प्रयास है, बल्कि इन विचारों को कविता के माध्यम से आपके हृदय तक पहुँचाने की मेरी आकांक्षा है। दर्शन का क्षेत्र सदियों से मानव जीवन के बुनियादी प्रश्नों का समाधान ढूंढने का एक साधन रहा है। इस यात्रा में अनगिनत दार्शनिकों, चिंतकों, और साधकों ने अपने अनुभव, अपने गहन विचार, और अपनी चेतना को समर्पित किया है।

भारतीय दर्शन की अमर धारा

भारतीय दर्शन सदियों से आत्मा, परमात्मा, सृष्टि, और मोक्ष की गूढ़ समझ का स्रोत रहा है। वेदांत और उपनिषद में आत्मा का जो विस्तार है, वह हमारी चेतना को अनंत की ओर ले जाता है। गीता का कर्म और धर्म का संदेश, पतंजलि के योगसूत्र का योग, शंकराचार्य के अद्वैत का अहसास और चार्वाक का सुखवाद- ये सभी जीवन के उन गूढ़ प्रश्नों के उत्तर देने का प्रयास करते हैं, जिनका समाधान केवल बौद्धिक नहीं बल्कि अनुभवजन्य है। भारतीय दर्शन में आत्मज्ञान, भक्ति, योग और कर्म के मार्ग सभी अपने-अपने ढंग से सत्य तक पहुँचने के मार्ग दिखाते हैं। इन विचारों में हमारी परंपरा और हमारी संस्कृति की गहरी समझ छिपी है।

यूनानी एवं रोमन दर्शन प्रकाश

यूनानी दर्शन की बात करें तो, सुकरात, प्लेटो, और अरस्तू के विचारों ने पश्चिमी सभ्यता के विचार-संसार को गढ़ने का काम किया। सुकरात का ज्ञान और सत्य के लिए संवाद, प्लेटो का विचारों का आदर्श रूप, और अरस्तू का न्याय और तर्क पर आधारित दृष्टिकोण हमें दिखाते हैं कि कैसे मनुष्य ने सत्य की खोज में खुद को विभिन्न पहलुओं में बाँटा। स्टोइक दर्शन जीवन के कठिनाइयों के बीच धैर्य और विवेक बनाए रखने की प्रेरणा देता है। एपिकरूरस का आनंद का दृष्टिकोण यह सिखाता है कि वास्तविक खुशी बाहरी भोग-विलास में नहीं, बल्कि आंतरिक संतोष में है।

पश्चिमी दर्शन की आंधी

पश्चिमी दर्शन में मध्य युग से लेकर आधुनिक युग तक एक बौद्धिक आंधी देखने को मिलती है। रेने डेकार्ट का द्वैतवाद, रूसो और लॉक की स्वतंत्रता की अवधारणा, कांट का नैतिकता का कर्तव्य दर्शन – इन विचारों ने न केवल पश्चिमी जगत को बल्कि सम्पूर्ण मानव सभ्यता को प्रभावित किया। कांट के नैतिकता के दर्शन में यह विचार निहित है कि हमारा आचरण केवल स्वार्थ से प्रेरित नहीं होना चाहिए, बल्कि मानवता के प्रति कर्तव्यबोध से भी संचालित होना चाहिए। वहीं स्पिनोज़ा, शोपेनहोवेर, और हेगल के विचार जीवन और यथार्थ की गहराइयों में उतरकर उसे समझने का प्रयास करते हैं।

आधुनिक युग की क्रांति

नीत्शे का ख़ुदी का सिद्धांत, सार्त्र का अस्तित्ववाद, और मार्क्स का समाजवाद – ये सभी आधुनिक युग के दार्शनिक विचार हैं, जिन्होंने जीवन को एक नए दृष्टिकोण से देखा। नीत्शे ने परंपरागत मूल्यों को चुनौती दी और स्वतंत्रता के लिए व्यक्तिगत संघर्ष को महत्व दिया। वहीं सार्त्र के अस्तित्ववाद ने मनुष्य की स्वतंत्रता और उसके कार्यों की

जिम्मेदारी पर जोर दिया। मार्क्स का समाजवाद समाज में समानता और न्याय की स्थापना के लिए प्रेरणा देता है।

पूर्वी एशियाई विचारधाराएं

ताओवाद, कन्फ्यूसियसवाद, और झेन बोद्धवाद जैसे पूर्वी एशियाई दर्शन प्रकृति, शांति, और जीवन के रहस्यों को समझने के साधन हैं। ताओवाद में प्रकृति के साथ सामंजस्य की बात की गई है, वहीं कन्फ्यूसियसवाद में नैतिकता और सामाजिक संबंधों पर जोर दिया गया है। झेन बोद्धवाद ने ध्यान और मौन के माध्यम से मनुष्य को आत्मा की गहराइयों में उतरने की प्रेरणा दी है।

उत्तर आधुनिक और समसामयिक दृष्टिकोण

उत्तर आधुनिक और समसामयिक दर्शन ने यथार्थ को विभिन्न दृष्टिकोणों से देखा है। पोस्टमॉडर्न दर्शन ने यथार्थ को निरपेक्ष नहीं बल्कि एक सामाजिक संरचना के रूप में देखा। वहीं फेमिनिस्म ने स्त्री अधिकारों, समानता, और उनकी गरिमा की बात की है। ट्रांसहुमानिज्म ने भविष्य में मानवता के विकास और नई संभावनाओं की बात की है।

आध्यात्मिक चेतना का उत्कर्ष

गांधी, विवेकानंद, जिद्दू कृष्णमूर्ति और ओशो रजनीश जैसे विचारकों ने आध्यात्मिक चेतना को जागृत किया और जीवन में मानवता, प्रेम, और अहिंसा का संदेश दिया। गांधी का अहिंसा का सिद्धांत, विवेकानंद का व्यवहारिक वेदांत, और जिद्दू कृष्णमूर्ति की साधना हमें हमारे भीतर की शांति और संतोष की खोज करने के लिए प्रेरित करते हैं।

यह काव्यसंग्रह हमारे लिए केवल विचारों का संग्रह नहीं है, बल्कि यह हमें उन अनंत संभावनाओं की ओर प्रेरित करता है जो हमारी अपनी

चेतना में स्थित हैं। दर्शन की यात्रा अनंतता की खोज है, और यह संग्रह उसी अनंत की ओर एक छोटी सी, परन्तु महत्वपूर्ण यात्रा है।

आभार

इस पुस्तक को आपके हाथों में सौंपते हुए मैं हृदय से उन सभी महान दार्शनिकों, चिंतकों, और विचारकों का आभार प्रकट करता हूँ, जिनकी जीवन की गहन दृष्टि ने हमें इन कविताओं के माध्यम से प्रेरित किया है। मैं आभारी हूँ अपने सहयोगी विक्रांत का और आप सभी का भी, जो इस यात्रा में मेरे सहयात्री बने।

डॉ. मुकेश अग्रवाल

भारतीय दर्शन की अमर धारा

वेदांत एवं उपनिषद

वेदांत भारतीय दर्शन की एक प्रमुख धारा है, जिसका मुख्य स्रोत उपनिषद हैं। उपनिषदों में आत्मा (आत्मन्) और परम सत्य (ब्रह्मन्) के संबंध पर विचार किया गया है। वेदांत मानता है कि आत्मा और ब्रह्म एक ही हैं, और संसार की वास्तविकता को समझने का माध्यम आत्मज्ञान है। इसका उद्देश्य आत्म-तत्व की खोज करना और मोक्ष प्राप्त करना है।

गीता

भगवद गीता भारतीय धर्म और दर्शन का एक महत्वपूर्ण ग्रंथ है, जो महाभारत का हिस्सा है। इसमें भगवान श्रीकृष्ण ने अर्जुन को धर्म, कर्म, भक्ति और ज्ञान का उपदेश दिया। गीता में तीन मुख्य मार्ग–कर्मयोग (कर्म का मार्ग), भक्ति योग (भक्ति का मार्ग), और ज्ञान योग (ज्ञान का मार्ग)—दिए गए हैं, जो जीवन में संतुलन और मोक्ष प्राप्ति की दिशा में मार्गदर्शन करते हैं।

सांख्य दर्शन

सांख्य दर्शन के अनुसार, सृष्टि दो तत्वों पर आधारित है–प्रकृति (भौतिक तत्व) और पुरुष (चेतना)। इसका उद्देश्य इन दोनों तत्वों के अंतर को समझना और प्रकृति के बंधन से मुक्त होकर पुरुष की स्वतंत्रता को प्राप्त करना है। सांख्य दर्शन मानता है कि संसार की सभी घटनाएं प्रकृति के गुणों (सत्त्व, रजस, तमस) से संचालित होती हैं।

पतंजलि योगसूत्र

महर्षि पतंजलि के योगसूत्र योग दर्शन का प्रमुख ग्रंथ है। इसमें आठ अंगों (अष्टांग योग)—यम, नियम, आसन, प्राणायाम, प्रत्याहार, धारणा, ध्यान और समाधि–के माध्यम से आत्मा की शुद्धि और मोक्ष का मार्ग बताया गया है। योगसूत्र का उद्देश्य मन को नियंत्रित करना और चेतना की उच्च अवस्थाओं को प्राप्त करना है।

न्याय दर्शन

न्याय दर्शन का विकास महर्षि गौतम ने किया था। इसका उद्देश्य तर्क, प्रमाण और विश्लेषण के माध्यम से सत्य का पता लगाना है। न्याय दर्शन में चार मुख्य प्रमाणों (प्रत्यक्ष, अनुमान, उपमान, और शब्द) का प्रयोग करके वास्तविकता को समझने का प्रयास किया जाता है। इसका विशेष फोकस ज्ञान के साधनों पर है और यह सत्य की खोज में तर्क और विवेचना को प्रमुख स्थान देता है।

वैशेषिक दर्शन

वैशेषिक दर्शन की स्थापना महर्षि कणाद ने की थी। यह दर्शन पदार्थ और उसकी संरचना पर केंद्रित है और यह मानता है कि इस संसार में हर वस्तु "द्रव्य" (substance), "गुण" (quality), और "कर्म" (action) का संयोजन है। वैशेषिक का प्रमुख उद्देश्य पदार्थ की प्रकृति, उसके गुण, और उनके संयोजन के नियमों को समझना है। वैशेषिक दर्शन के अनुसार, संसार के सभी भौतिक पदार्थ परमाणुओं से बने होते हैं। परमाणु को इस दर्शन में सबसे सूक्ष्म और अविभाज्य तत्व माना गया है, और ये परमाणु मिलकर तत्वों (जैसे पृथ्वी, जल, अग्नि, वायु) का निर्माण करते हैं। इन तत्वों के संयोजन से ही सृष्टि की रचना होती है।

मीमांसा दर्शन

मीमांसा दर्शन का मुख्य उद्देश्य वेदों के कर्मकांड का विश्लेषण करना और वेदों में बताए गए यज्ञ, अनुष्ठान और कर्म की महत्ता को समझना है। जैमिनि द्वारा प्रवर्तित यह दर्शन कर्मकांडों पर आधारित है और "धर्म" की अवधारणा पर केंद्रित है। इसका मानना है कि आत्मा का कल्याण सही कर्मों द्वारा होता है, और वेदों के अनुसार कर्म करना ही मोक्ष का मार्ग है। मीमांसा दर्शन के दो भाग हैं – पूर्व मीमांसा (कर्मकांड) और उत्तर मीमांसा (ज्ञानकांड)।

अद्वैत दर्शन

आदि शंकराचार्य ने अद्वैत वेदांत को प्रस्थापित किया, जो मानता है कि आत्मा (आत्मन्) और ब्रह्मन् (परम सत्य) में कोई भेद नहीं है। उनके अनुसार, संसार माया (भ्रम) है, और आत्मा का ब्रह्म के साथ एकत्व ही

सच्ची मुक्ति है। अद्वैत वेदांत का लक्ष्य इस सत्य को समझकर संसार के बंधनों से मुक्त होना है।

विशिष्टाद्वैत और द्वैतवाद दर्शन

रामानुज ने अद्वैत वेदांत के विरोध में विशिष्टाद्वैत का प्रतिपादन किया, जिसमें वे जीवात्मा (जीव) और परमात्मा (ब्रह्म) को अलग मानते हुए भी एक गहरे संबंध में मानते हैं। उनके अनुसार, जीव और ब्रह्म अलग होते हुए भी एक ही ब्रह्म के विशिष्ट भाग हैं, जैसे समुद्र और उसकी लहरें। रामानुज का दर्शन भक्ति पर आधारित है, जिसमें भक्त और भगवान के संबंध को प्रेमपूर्ण और निकटतम बताया गया है। इस दर्शन में मोक्ष का मार्ग ईश्वर की भक्ति से प्राप्त होता है।

मध्वाचार्य ने अद्वैत वेदांत के विरोध में द्वैतवाद का प्रतिपादन किया, जिसमें जीव और ईश्वर को पूरी तरह से अलग माना गया है। उनके अनुसार, ईश्वर और जीव के बीच एक शाश्वत भेद है। ईश्वर सर्वशक्तिमान, स्वतंत्र और सर्वोच्च है, जबकि जीव उसकी सेवा के लिए बनाए गए हैं। मध्वाचार्य का मानना है कि ईश्वर का वास्तविक स्वरूप अप्राप्य है और मोक्ष केवल ईश्वर की कृपा से ही संभव है। द्वैतवाद में भक्ति और समर्पण को विशेष स्थान दिया गया है।

वैष्णव और शैव दर्शन

वैष्णव दर्शन में भगवान विष्णु और उनके अवतारों को सर्वोच्च मानकर भक्ति और पूजा के माध्यम से मुक्ति प्राप्ति का मार्ग बताया गया है। इसकी प्रमुख शिक्षाएँ भगवद गीता और भागवत पुराण में पाई जाती हैं।

शैव दर्शन भगवान शिव को परम देवता मानता है और शिव की भक्ति को मोक्ष का साधन मानता है। शैव दर्शन में आत्मा और शिव की एकता पर जोर दिया गया है और शैव आगम ग्रंथों में इसकी शिक्षाएं मिलती हैं।

बौद्ध दर्शन

गौतम बुद्ध द्वारा प्रतिपादित बौद्ध दर्शन का मुख्य सिद्धांत चार आर्य सत्य और अष्टांगिक मार्ग हैं। यह मानता है कि संसार में दुःख का कारण हमारी तृष्णा है और तृष्णा का त्याग करने से निर्वाण (मोक्ष) प्राप्त

किया जा सकता है। बौद्ध धर्म दो प्रमुख शाखाओं–हीनयान और महायान–में विभाजित है और इसका उद्देश्य अहिंसा, करुणा और ध्यान के माध्यम से आत्म-शुद्धि है।

जैन दर्शन

महावीर स्वामी द्वारा स्थापित जैन दर्शन का आधार अहिंसा, अपरिग्रह (संपत्ति का त्याग), और अनेकांतवाद (बहु-पक्षवाद) है। जैन धर्म मानता है कि आत्मा शुद्ध और स्वतंत्र होती है और कर्म के बंधनों से मुक्त होकर मोक्ष प्राप्त कर सकती है। जैन धर्म में आत्मा की शुद्धि के लिए तपस्या, ध्यान और संयम पर विशेष जोर दिया गया है।

चार्वाक दर्शन

चार्वाक दर्शन एक नास्तिक या भौतिकवादी दर्शन है, जो मानता है कि केवल इंद्रियों के माध्यम से प्राप्त ज्ञान ही सत्य है। यह किसी भी प्रकार की आत्मा, परमात्मा, पुनर्जन्म या मोक्ष को नहीं मानता। चार्वाक दर्शन का सिद्धांत "यह जीवन ही सब कुछ है" पर आधारित है, और सुख को ही सर्वोच्च लक्ष्य मानता है।

आत्मा का आकाश
(वेदांत और उपनिषद)

तुम कौन हो?
असीम विस्तार में तैरती इक ज्योति-सी
अथाह समुद्र में बसी एक शांति-सी
स्वयं में निहित, परंतु सभी में व्याप्त
स्वयं में मौन, फिर भी हर ध्वनि में जागृत।

तुम्हारा स्वरूप है अक्षर-अक्षर,
ध्वनि है परंतु निःशब्द,
तुममें सारा संसार समाहित,
फिर भी शून्य-सा यह आकाश।

आकाश, जो सीमाओं से परे है,
जहाँ तुम मात्र चैतन्य हो,
जहाँ जन्म-मृत्यु का भ्रम
शेष नहीं, बस शाश्वतता है।

वेद कहता है – "अहम् ब्रह्मास्मि"
पर यह एक शब्द नहीं,
असली पहचान है तुम्हारी,
तुम वही हो, जो सर्वत्र है।

तुम हो वेदांत के सत्य का सूत्र,
वह अनुभव, जो बुद्धि से परे है,
जो विचारों की नदी को रोकता है,
जो द्वैत मिटाकर अद्वैत में विलीन होता है।

सांसारिक बंधनों से मुक्त,
वासनाओं के जल में स्थिर,

तुम्हारे भीतर का आकाश –
प्रकाशमय, निर्मल, अपरिभाषित।

तुम्हारा अस्तित्व, न क्षणिक, न सीमित,
बल्कि असीम शून्यता में बसी अनंतता,
तुम आत्मा हो – नित शांत,
जो संसार के कोलाहल से अछूती है।

जब स्थिर होती है यह मन की नदी,
जब विचार थम जाते हैं,
तब तुम्हारा आकाश निखरता है,
प्रकृति में, कण-कण में, हर अंश में।

तुम्हारी खोज में नहीं
बस तुम्हारे साक्षात्कार में
हर सत्य की राह है,
जो तुम तक ले जाती है।

तुम माया की उस परत के परे,
जहाँ न कोई प्रश्न, न कोई उत्तर,
बस एक मौन संवाद है,
स्वयं से स्वयं की यात्रा।

इस अनंत आकाश में विचरते हुए
तुम पाओगे, तुम वही हो,
जो सब में है, फिर भी अलग,
जो सजीव है, फिर भी स्थिर।

यह उपनिषद की पुकार है,
आत्मा का आकाश,
जो समय की सीमा से परे है,
जहाँ अनंतता तुम्हारी पहचान है।

वह आत्मा हो तुम,
अविभाज्य, असीम, अखंड,
संसार से परे,
परंतु सब कुछ में व्याप्त।

तुम्हारे भीतर का यह आकाश,
जो स्थिर है, शांत है,
उसी में है मोक्ष का मार्ग,
उसी में है आत्मा का ब्रह्म से मिलन।

कर्म और धर्म

(गीता का गीत)

कर्म क्या है?
क्यों जीवन के इस रंगमंच पर,
हम सब अपने-अपने पात्र निभाते हैं?
क्या है यह सूत्र, यह डोर,
जो हमें एक अदृश्य नियम से बांधे है?

गीता कहती है
कर्म करो, परंतु फल की इच्छा से मुक्त होकर।
क्योंकि जब हम फल की कामना में बंधते हैं,
तो वही कर्म, जो मुक्त कर सकता है,
बन जाता है एक नया बंधन।

धर्म क्या है?
सत्कर्म, सत्य, साहस,
वह जो हमें हमारे भीतर की आवाज से जोड़ता है,
वह जो हमारे कर्तव्य को प्रकाशित करता है,
जिससे हम अपने स्वभाव में जी पाते हैं।

धर्म वह धुरी है,
जो कर्म को अर्थ देती है,
जो हमें बताती है कि किस ओर बढ़ना है,
कैसे चलना है,
कैसे अपने पथ पर स्थिर रहना है।

कर्म में धर्म का संग,
है जीवन का वास्तविक योग।
यह अर्जुन की द्विधा, उसका संशय,
और श्रीकृष्ण का सन्देश,

जो कर्म को केवल कर्म नहीं,
धर्म का आधार बनाता है।

वह कहते हैं –
तुम कर्म का अधिकार रखते हो,
परंतु उसके परिणाम में तुम्हारा अधिकार नहीं।
यह एक साधना है,
स्वयं को समर्पण में विलीन करने की,
स्वयं को एक बड़े सत्य में घोलने की।

धर्म की राह, जो प्रेम से सिंचित है,
त्याग से पोषित है,
उसमें हर कर्म एक पूजा है,
हर कर्तव्य एक यज्ञ है,
जहाँ हम अपने अहंकार को होम करते हैं।

यह कर्म और धर्म का समागम,
हमारी आत्मा का विकास है,
वह यात्रा है, जो हमें स्व से परे ले जाती है,
जहाँ व्यक्ति, समाज, और ब्रह्म का एकत्व है।

धर्म का दीप जलाकर,
जब हम कर्म का पथ अपनाते हैं,
तो हर क़दम एक वरदान बन जाता है,
हर कार्य एक साधना।

कर्म की इस यज्ञशाला में,
धर्म ही हमारी अग्नि है,
जो हमारे संदेहों को जलाती है,
हमें स्पष्टता, धैर्य, और शांति में स्थापित करती है।

गीता का यह गीत
केवल अर्जुन के लिए नहीं,

हम सबके लिए है,
हमारे जीवन के हर मोड़ पर,
हर संशय में, हर चुनौती में।

कर्म योग का यह संदेश,
हमें बंधनों से मुक्त करता है,
हमें आत्मा के सत्य से जोड़ता है,
हमें स्वयं से परिचय कराता है।

धर्म की शरण में जाकर,
जब हम कर्म करते हैं,
तो जीवन एक यात्रा बनता है,
जो अंत में हमें मोक्ष के द्वार तक ले जाती है।

यह कर्म और धर्म का गीत,
गीता का उपदेश,
हमारी आत्मा का उद्बोधन है,
जो हमें हमारे असली स्वरूप का बोध कराता है।

इस गीत में है शांति,
इस गीत में है मुक्ति,
जो हमें जीवन के कर्म में,
धर्म की राह पर चलने की प्रेरणा देता है।

यही है गीता का गीत,
कर्म और धर्म का संवाद,
जो जीवन के सत्य का उद्घाटन करता है,
जो हमें हमारी आत्मा के साथ
एकत्व की ओर ले चलता है।

सृष्टि की उत्पत्ति
(सांख्य दर्शन)

क्या था वह क्षण,
जब कुछ भी नहीं था?
ना समय, ना स्थान, ना दिशा,
बस एक शून्य, मौन में बसा,
निराकार, अज्ञेय, असीम।

सांख्य कहता है,
यह सब प्रकृति और पुरुष का खेल है,
दो शक्तियाँ,
एक गतिशील, दूसरी स्थिर,
एक दृश्य, दूसरी अदृश्य।

प्रकृति – वह मूल तत्व,
जिसमें सब कुछ समाया है,
रूपों में बंधा, परन्तु अनन्त,
वह शक्ति, जो चिरंतन है,
जो जन्म देती है,
रचती है, संजोती है।

पुरुष – साक्षी मात्र,
वह चेतना, जो केवल देखती है,
स्पर्श किए बिना, जुड़ती है,
प्रकाश बनकर हर कण में व्याप्त,
जो स्वयं में स्वतंत्र,
परंतु सृष्टि की प्रेरणा।

जब प्रकृति और पुरुष का संयोग हुआ,
तो जन्म हुआ इस जगत का,
रूप, रस, गंध, स्पर्श,

सब उन्हीं का खेल है,
वही सृष्टि की उत्पत्ति का आधार।

महत्तत्व से अहंकार,
अहंकार से पंचमहाभूत,
तन्मात्राएँ, इन्द्रियाँ, मन,
सभी का जन्म इसी मिलन से,
जहाँ प्रकृति का नर्तन है,
और पुरुष की शांति।

सांख्य के इस ज्ञान में छुपा है
सृष्टि का गूढ़ रहस्य,
हर जीवन, हर अस्तित्व,
बस उस अनादि प्रकृति की छाया,
और पुरुष का प्रतिबिंब।

यह विश्व, यह दृश्य जगत,
जो हमें सत्य प्रतीत होता है,
वह मात्र प्रकृति की माया है,
एक नृत्य, एक लीला,
जिसमें आत्मा बंधी है।

और जब पुरुष साक्षी बनकर,
अपने आप में स्थिर हो जाता है,
तब प्रकृति का बंधन टूटता है,
और आत्मा अपने स्वरूप में स्थित होती है।

सांख्य हमें यह ज्ञान देता है,
कि सृष्टि का प्रारंभ,
और अंत का रहस्य,
बस इसी द्वैत में समाया है,
प्रकृति और पुरुष का संयोग और विलय।

हम इसी यात्रा में हैं,

प्रकृति के खेल में बंधे,
परंतु जब हम पुरुष को पहचानते हैं,
तो सृष्टि का रहस्य उद्घाटित होता है।

यह सृष्टि की उत्पत्ति का गीत,
जो हमें सांख्य की दृष्टि से देखना सिखाता है,
जहाँ हर कण में प्रकृति है,
और हर आत्मा में पुरुष का अंश।

प्रकृति की निस्सीम छवि,
पुरुष की अचल चेतना,
इन्हीं के योग से उत्पन्न यह सृष्टि,
और इन्हीं में समाहित।

यह जीवन, यह जगत,
बस एक यात्रा है,
जहाँ हम प्रकृति के स्वरूप में जीते हैं,
और पुरुष के स्वरूप को पाते हैं,
यही सांख्य का सत्य है,
यही सृष्टि की उत्पत्ति का रहस्य।

योग का मौन
(पतंजलि योगसूत्र)

यह मन की गति, यह विचारों का प्रवाह,
कभी शांत, कभी प्रबल,
यह निरंतर बहता नदी का जल,
कभी शांत सतह, कभी हलचल।

पतंजलि कहते हैं –
योग: चित्त-वृत्ति-निरोधः,
मन की इस अनियंत्रित धारा को रोकना ही योग है,
जहाँ विचारों का शोर थम जाता है,
और आत्मा का मौन मुखर होता है।

यह यात्रा भीतर की है,
न स्थूल देह की, न बाहरी जगत की,
यह उस मौन की साधना है,
जो शब्दों के परे, भावनाओं के पार है।

प्रत्याहार, धारणा, ध्यान,
यह क्रम, यह योग की सीढ़ियाँ,
जहाँ हम स्थिर होते हैं,
अपने स्वयं के भीतर गहरे उतरते हैं।

ध्यान का यह क्षण,
जब विचारों का अंत होता है,
तब मौन की गहराई में हम पाते हैं,
स्वयं को, बिना किसी आवरण के।

प्रकृति का हर रंग, हर ध्वनि,
इस मौन में विलीन हो जाता है,
और बचता है सिर्फ एक अनुभव,
एक अनिर्वचनीय शांति।

सांसों की लय में बंधा यह योग,
शरीर से परे, मन से परे,
यह आत्मा का गान है,
जो मौन में सुनाई देता है।

वह क्षण, जब हम योग में स्थिर होते हैं,
तो समय रुक जाता है,
हर कण में निहित ब्रह्म का बोध होता है,
हर सांस में दिव्यता का अहसास।

यह कोई क्रिया नहीं,
यह अनुभव की अवस्था है,
जहाँ न कोई प्रश्न है, न उत्तर,
बस एक शून्यता, जो पूर्णता है।

पतंजलि का यह योगसूत्र,
हमें बताता है उस मौन की भाषा,
जो हमें जोड़ता है हमारे सच्चे स्वरूप से,
जो न बदलता है, न मिटता है।

योग का यह मौन,
जो निस्सीम है, शाश्वत है,
वह हमारे भीतर का प्रकाश है,
जिसमें अज्ञान का अंधकार जलकर भस्म हो जाता है।

यह मौन का योग,
जहाँ हम आत्मा की गहराई में खो जाते हैं,
जहाँ हर बंधन टूट जाता है,
और हम अनंत के साथ एक हो जाते हैं।

यह मौन, पतंजलि का योगसूत्र है,
जो शब्दों में नहीं बंधता,
जो समझ में नहीं,
सिर्फ अनुभूति में आता है।

और जब हम इस मौन में रम जाते हैं,
तब ही जीवन में सच्ची शांति का अनुभव होता है,
तब ही हम समझते हैं
योग का वास्तविक अर्थ –
जो हमें जोड़ता है उस असीम ब्रह्म से,
जो हर कण में, हर जीव में व्याप्त है।

योग का यह मौन,
जिसमें शब्दों का कोई स्थान नहीं,
जहाँ मन की हर वृत्ति शांत है,
और हम केवल 'होने' का अनुभव करते हैं।

यह पतंजलि का मार्ग है,
जहाँ योग के माध्यम से हम,
मौन में अपने अस्तित्व का बोध करते हैं,
और जान पाते हैं, हम वही हैं,
जो सदा से था, जो सदा रहेगा।

वास्तविकता के नियम
(गौतम का न्याय दर्शन)

वास्तविकता,
जिसे देखा नहीं जा सकता,
जिसे छुआ नहीं जा सकता,
पर महसूस होती है वह,
हवा की तरह,
जो अपनी उपस्थिति से अस्तित्व का प्रमाण देती है।

गौतम कहते हैं,
न्याय की परिभाषा में निहित हैं नियम,
साक्ष्यों और प्रमाणों की भाषा में बंधे,
अज्ञानता की परतों को चीरते,
प्रकाश की ओर ले जाते,
तर्क, प्रमाण, और विश्लेषण के माध्यम से।

हर संदेह की धुंध हटाते,
सत्य का उजाला फैलाते,
प्रमाणों से सजी उनकी दृष्टि,
सोच को नुकीला बनाती,
संवेदनाओं को शांत करती।

प्रमाण – वह आधार,
जो हमारी मान्यताओं को जन्म देता है,
आस्था को तर्क की धरातल पर खड़ा करता है,
संदेह के बीज को प्रश्रय नहीं देता।

जीवन के छोटे-छोटे प्रश्नों से,
किसी ब्रह्मांडीय सत्य तक की यात्रा,
गौतम के न्याय में बसी है,
अनगिनत परतों को खोलने की शक्ति,
मानवता के हर मन में बसने की संभावना।

नियम, जो समय से परे हैं,
न कोई अंत है, न कोई शुरुआत,
वास्तविकता के मूल में हैं,
स्वीकृति, अवलोकन और साक्षात्कार के,
हर प्रश्न की जड़ में,
हर उत्तर के विस्तार में।

तर्क,
जो हमें अपने विचारों में गहराई देता है,
जो सत्य की यात्रा को सहज बनाता है,
भ्रम को दूर करता है,
प्रकृति की हर गूढ़ पहेली को
समझने का आधार देता है।

गौतम के न्याय का सिद्धांत,
विचारों की परिपक्वता का प्रतिबिंब है,
एक ऐसा मार्ग, जो विवेक की ओर ले जाता है,
जो सत्य की ओर प्रस्थान का निमंत्रण है।

वास्तविकता को जानने का यह संघर्ष,
अंततः मानवता का विस्तार है,
जो न्याय की हर धारा में बहता,
प्रकृति के नियमों के साथ कदम मिलाता,

गौतम के न्याय दर्शन में निहित,
वास्तविकता के नियमों का संगीत है।

जो अनसुना, पर हमेशा गूंजता है,
जो अनदेखा, पर हमेशा दृष्टि के पार है,
वास्तविकता के उस शाश्वत नियम का,
हमारे हर श्वास में, हर विचार में,
छिपा हुआ एक अदृश्य सूत्र है।

परमाणु का विज्ञान
(कणाद का वैशेषिक दर्शन)

दृश्य के पीछे एक गूढ़ता है,
जिसे महर्षि कणाद ने खोजा,
एक अदृश्य तंतु, एक ठोस सच्चाई,
पदार्थ का स्वरूप, एक अनंत रहस्य।

यहाँ, हर कण की अपनी पहचान है,
अणु, परमाणु, और तत्वों का संगम,
सृष्टि का हर हिस्सा, एक मौलिक अस्तित्व,
जिसे समझने की आकांक्षा, सदा जीवित रहती है।

महर्षि ने कहा, हर चीज़ का एक गुण है,
गुण जो उसके स्वभाव का परिचायक है,
रंग, आकार, गंध, और स्वाद,
पदार्थ का व्यक्तित्व, एक जटिल परत।

वे देखते हैं, वस्त की तरह,
संसार का हर कोना, एक व्यापक ताना-बाना,
अविनाशी कणों का संयोग,
जो बनाते हैं, इस ब्रह्मांड की रंगीन तस्वीर।

समय और स्थान की व्याख्या,
जो परिभाषित करते हैं, अनुभव के दायरे,
एक क्षण में, अनगिनत संभावनाएँ,
एक क्षण में, अनंत परिवर्तन।

महर्षि कणाद का दृष्टिकोण,
न केवल भौतिकता का,
बल्कि मन और आत्मा के गहरे संबंध का,

जैसे एक तालाब की गहराई,
जिसमें हर लहर, एक नई कहानी सुनाती है।

उनका दर्शन एक अनुभव है,
जहाँ तर्क और प्रमाण की महत्ता है,
संसार के हर तंतु का विश्लेषण,
एक गहन खोज, एक असाधारण यात्रा।

यह वैशेषिक दर्शन, हमें सिखाता है,
पदार्थ की वास्तविकता को पहचानना,
अपने भीतर की गहराईयों में उतरना,
जहाँ सच्चाई का प्रकाश छिपा है।

हर वस्तु, हर अनुभव,
हमारे ज्ञान की सीढ़ियाँ हैं,
कणाद के विचारों में,
संसार की जटिलताओं का समाधान है।

जब हम उनके दृष्टिकोण से देखते हैं,
तो हम समझ पाते हैं,
किस तरह से हम जुड़े हैं,
इस अद्भुत सृष्टि के ताने-बाने में।

वैशेषिक दर्शन की गूंज,
हमेशा हमारे साथ है,
एक अनंत यात्रा,
जहाँ ज्ञान की खोज कभी खत्म नहीं होती।

वेदों का विश्लेषण
(जैमिनी का मीमांसा दर्शन)

वेदों में बसी है जीवन की लय,
ऋचाओं में संजोई है प्रकृति की गूंज,
कर्म का असीम विस्तार,
अग्नि की लौ में उठता हुआ,
समर्पण की एक ज्योति बनकर।

मीमांसा कहती है,
यह केवल शब्द नहीं,
ध्वनि की परतों में लिपटी,
कर्म की शुद्धि की धारा है,
जिसे समझना है तो उतरना होगा,
अर्थ की गहराइयों में।

ऋचाएं नहीं सिर्फ उपदेश,
नहीं मात्र गूढ़ मंत्रों की माला,
यह कर्म के यज्ञ में आहुति हैं,
मानवता की हर छोटी क्रिया का आधार हैं,
वह नियम हैं, जो जीवन को सींचते हैं,
हर सांस को अर्थ देते हैं।

कर्मकांड –
सिर्फ दिखावा नहीं,
वह उस श्रृंखला की कड़ी है,
जो हमारी आत्मा को बाहरी जगत से जोड़ती है,
प्राकृतिक धारा से बहती,
अनुशासन की लहरों में डूबती,
हर एक आचरण को पवित्र करती है।

मीमांसा कहती है,
वेदों का विश्लेषण करो,
परंपराओं को तर्क की कसौटी पर कसो,
शब्दों की गहराई में उतरो,
उस सत्य को खोजो,
जो कर्म के माध्यम से बोलता है।

हर अग्निहोत्र में,
हर संकल्प में,
निहित है केवल विश्वास नहीं,
कर्म की वह शक्ति,
जो मानवता के बंधनों को तोड़ती है,
जिसे जानना ही मोक्ष का मार्ग है।

समर्पण –
जो प्रत्येक यज्ञ का सार है,
जो हर मंत्र की गूंज में गूंजता है,
संसार को समझने का वह क्रम है,
जो अनुशासन की मिट्टी में बोया गया है,
हर कर्म में, हर आह्वान में,
हर वेद की ऋचा में।

मीमांसा का कर्मकांड हमें सिखाता है,
संवेदनाओं से परे,
सत्य की उस धारा को,
जो प्रतीतियों से परे है,
जो विचारों से गहरे में बसी है,
वह साधना का स्वरूप है,
जीवन को संपूर्णता में जीने का मार्ग है।

वेदों का यह कर्मकांड,
विज्ञान का नहीं,
पर अनुभूतियों का पथ है,

सदियों से बहता हुआ ज्ञान का स्रोत है,
मीमांसा में बसी यह खोज,
हमें अपने भीतर के मंत्रों तक ले जाती है।

जो शब्दों से परे है,
जो अर्थों के भी पार है,
वह केवल कर्म की अग्नि में तपता,
मनुष्य के स्वरूप को संपूर्ण बनाता,
वह सत्य, वह ज्ञान,
मीमांसा का कर्मकांड हमें दिखाता है।

अद्वैत का अहसास

शंकराचार्य की शिक्षा

यह जो मैं हूँ, जो तुम हो,
यह भ्रम मात्र है,
जैसे आकाश में उड़ते बादल,
जो आते हैं, छा जाते हैं, फिर विलीन हो जाते हैं।
शंकराचार्य कहते हैं –
अद्वैत का यह सत्य,
वह शाश्वत है, अपरिवर्तनीय है,
जहाँ मैं और तुम का भेद मिट जाता है,
और सब कुछ एक हो जाता है।

वह माया, जो हमें अलग दिखाती है,
हमारी इंद्रियों का खेल,
जो जन्म, मृत्यु और जीवन का भ्रम रचता है,
जो सृष्टि में द्वैत का अंधेरा बिछाता है।
परन्तु, वह जो अद्वैत है,
वह हर सीमा, हर बंधन के पार है,
जहाँ आत्मा और परमात्मा में कोई भेद नहीं,
जहाँ मैं वही हूँ जो तुम हो, और तुम वही हो जो मैं हूँ।

यह अहंकार का पतन,
यह पहचान का विसर्जन,
यह आत्मा का अपने स्रोत से मिलन,
जहाँ कोई दूसरा नहीं बचता,
बस एक शाश्वत साक्षी रह जाता है।

शंकराचार्य की शिक्षा में यह गूंज है,
यह मौन की अद्भुत व्याख्या,
जहाँ विचारों का अंत होता है,

और बस एक अखंडित शांति रह जाती है,
वह शांति जो हम सबके भीतर गहराई में छिपी है,
जो समय और स्थान से परे है।

सत्य का यह अहसास,
जैसे कोई नदी अपने स्रोत की ओर लौटे,
जैसे हर कण में व्याप्त हो ब्रह्म का स्पंदन,
जो अनंत है, अपरिमित है,
जो किसी रूप में नहीं बंधता,
जो किसी नाम का मोहताज नहीं।

यह अद्वैत का अनुभव,
जहाँ हर रंग एक हो जाता है,
जहाँ हर ध्वनि मौन में विलीन हो जाती है,
जहाँ हर जीव का सार एक ही है,
वह एकता का नीरव बोध,
जो शंकराचार्य का संदेश है।

यह माया का पर्दा,
जो हमें अलग-अलग दिखाता है,
जो हमें संसार की सीमाओं में बाँधता है,
जिसे हम सच मानते हैं,
परंतु अद्वैत कहता है –
यह सब क्षणिक है, एक सपना है।

वह सत्य, जो हर आत्मा में उजागर है,
जो हर विचार से परे है,
जो न शब्दों में बंध सकता है, न आकार में,
वह ब्रह्म है, वह अद्वैत है,
जहाँ न कोई सीमा है, न कोई भेद।

यह शंकराचार्य की साधना,
वह तप, वह ज्ञान,

जिसने उन्हें इस परम सत्य का अहसास कराया,
और उन्होंने हमें सिखाया,
कि तुम वही हो – 'तत्त्वमसि'   ।

यह अहसास,
कि हम सभी एक ही परम में समाए हैं,
न कोई ऊँचा, न कोई नीचा,
न कोई द्वेष, न कोई मोह,
बस एक अखंड, अनिर्वचनीय प्रेम,
जो इस सृष्टि के कण-कण में व्याप्त है।

यह अद्वैत का पथ,
जहाँ हर खोज का अंत है,
जहाँ आत्मा अपने अस्तित्व का भान करती है,
जहाँ वह समझती है –
वह ब्रह्म ही उसकी असली पहचान है,
वह सत्य ही उसकी आत्मा का सार है।

यह द्वैत का अंत,
जो हमारे भ्रमों को दूर करता है,
जो हमें हमारे वास्तविक स्वरूप से मिलाता है,
जहाँ हम वही बन जाते हैं
जो सदा से थे, जो सदा रहेंगे।

अद्वैत का यह अहसास,
वह परम स्वतंत्रता है,
जो हर बंधन से परे है,
जो हमें हमारे भीतर की शाश्वत शांति से मिलाता है।

शंकराचार्य का यह संदेश,
जो न सीमित है, न बाधित,
जो हमारे भीतर के
उस दिव्य प्रकाश को उजागर करता है,

जहाँ कोई द्वैत नहीं,
बस एक ब्रह्म है,
जिसमें यह समस्त सृष्टि लीन है,
और हम सब उसी के अंश हैं।

यह अद्वैत का अहसास,
जो हमें बताता है –
तुम वही हो, जो ब्रह्म है,
यह माया का खेल है, यह द्वैत का भ्रम,
पर तुम उससे परे हो,
तुम वही हो, जो सत्य है, जो शाश्वत है।

और यही शंकराचार्य की शिक्षा है,
जहाँ हम अपने भीतर की उस
अद्वितीय शांति का अनुभव करते हैं,
जहाँ हर प्रश्न का अंत होता है,
और हम केवल मौन में एक हो जाते हैं।

द्वैतवाद का विश्लेषण
(रामानुज और मध्वाचार्य)

द्वैत –
दो अस्तित्वों की वह कहानी,
जो अलग होते हुए भी जुड़ी है,
जैसे नदी का जल और उसकी धारा,
जैसे सूरज की किरण और उसकी रोशनी,
अलग हैं, पर फिर भी एक संग बहते हैं।

रामानुज कहते हैं,
जीव और ब्रह्म,
अलग नहीं, पर एक से भिन्न,
जीव आत्मा ब्रह्म का हिस्सा है,
जैसे लहर सागर का,
जैसे पत्ता पेड़ का,
पर उसका अस्तित्व अलग और स्वतंत्र है।

मध्वाचार्य की दृष्टि में,
जीव और ईश्वर में है स्पष्ट दूरी,
जीव ईश्वर का अंश नहीं,
नहीं उसका प्रतिबिंब,
ईश्वर सर्वोच्च है,
और जीव उसके चरणों में समर्पित।

दोनों के इस द्वैत में,
सत्य का एक अनोखा रूप झलकता है,
जहाँ भक्ति की धारा बहती है,
जैसे नदी का बहाव अपने सागर से मिलने को,
प्रेम की गहराई में डूबी,

परम को पाने की चाह में भटकी।

रामानुज का द्वैत है,
संबंध की व्याख्या,
जीव और ब्रह्म का अटूट बंधन,
जहाँ आत्मा उसी ब्रह्म की ओर खिंचती है,
एक प्रेम की भाषा में लिपटी,
जहाँ भक्त और भगवान का नाता है।

मध्वाचार्य की दृष्टि में,
ईश्वर का स्वरूप अजेय और अपार है,
जीव की नियति उसी पर निर्भर है,
जीव के हाथ में केवल समर्पण है,
जहाँ आत्मा और परमात्मा का भेद
एक शाश्वत सत्य की तरह है।

द्वैत का यह संवाद,
जहाँ अलग-अलग सुरों में बंधा है ज्ञान,
रामानुज का प्रेम का समर्पण,
मध्वाचार्य का ईश्वर का अद्वितीय होना,
दोनों की भक्ति का मार्ग अलग सही,
पर दोनों ही भक्ति के उस भाव में लीन।

एक ओर आत्मा का विस्तार है,
जो ब्रह्म का अंश होते हुए भी,
अपने अस्तित्व की पहचान रखती है,
तो दूसरी ओर है आत्मा का समर्पण,
जहाँ हर श्वास, हर विचार,
ईश्वर के चरणों में समर्पित है।

यह द्वैत का रहस्य है,
अलग होकर भी एक,
जुड़े रहकर भी स्वतंत्र,
प्रेम और समर्पण की यात्रा,

जिसमें आत्मा और परमात्मा का,
अलौकिक नृत्य चलता है।

रामानुज और मध्वाचार्य के विचार,
दो ध्रुवों की तरह,
एक ही सत्य को पकड़े,
जहाँ जीव और ब्रह्म,
अपने-अपने रूप में,
अलग होकर भी एक-दूसरे के पूरक हैं।

द्वैतवाद का यह सत्य,
जहाँ हर आत्मा को उसकी पहचान मिलती है,
और हर आत्मा को ईश्वर का सहारा,
भक्त और भगवान का यह संवाद,
जहाँ दोनों की संपूर्णता निहित है।

यह द्वैतवाद की यात्रा है,
रामानुज के प्रेम में बहती,
मध्वाचार्य के समर्पण में डूबी,
जो दो होते हुए भी,
एक ही सत्य को दर्शाती है,
जीव और ईश्वर के उस शाश्वत बंधन को,
जो अनन्त, अपरिवर्तनीय, और अटूट है।

भक्ति का पथ
(वैष्णव और शैव दर्शन)

यह भक्ति का पथ,
सजीव, सरल, और निरंतर,
जो प्रेम के अतिरेक में,
हर बंधन को तोड़ देता है,
जो साधक को अपने आराध्य से जोड़ देता है।

वैष्णव की भक्ति,
वह प्रेम की निर्मल धारा,
जो विष्णु की कृपा में विलीन होती है,
जहाँ राधा का समर्पण है,
जहाँ मीरा का दीवानापन है,
यह प्रेम, यह समर्पण, यह पवित्रता।

यह भक्त का आराधना में डूब जाना,
उसकी हर सांस का नाम लेना,
विष्णु के चरणों में अपने को विसर्जित करना,
हर पीड़ा, हर संताप,
बस प्रभु की मूरत में खो जाना।

शैव की भक्ति,
वह गहरा, गंभीर मौन,
जहाँ शिव का ध्यान है,
जो प्रचंड है, शांत है,
जिसमें हर साधक अपने अहंकार को त्यागता है,
वह वीरता, वह वैराग्य,

जो शिव की भक्ति में रम जाता है।

शिव का पथ, कठिन है,
वह तपस्या का पथ है,
जिसमें अंधकार में ज्योति की खोज है,
जहाँ भस्म का श्रृंगार है,
और नृत्य है महाकाल का।

वैष्णव की भक्ति में सादगी है,
एक प्रेम का अद्भुत राग,
जो कृष्ण की मुरली की धुन है,
जो गोपियों का समर्पण है,
जो केवल प्रेम में सब कुछ दे देने का भाव है।

शैव की भक्ति में एक अद्वितीय साहस है,
वह शून्य में उतरने का साहस,
जहाँ हर प्रश्न का अंत है,
जहाँ साधक और शिव एक हो जाते हैं,
जहाँ भक्ति में ही मोक्ष है।

यह दो धाराएँ, दो मार्ग,
फिर भी एक ही सत्य की खोज,
वैष्णव का प्रेम, और शैव का वैराग्य,
दोनों ही पथ हैं आत्मा के परम के मिलन के,
जहाँ भक्ति का परम उत्कर्ष है।

भक्ति का यह पथ,
न रूप में बंधा है, न नाम में,
यह बस एक मौन पुकार है,

जो ईश्वर के प्रति उठती है,
जो आत्मा को उसकी दिव्यता से जोड़ देती है।

यह राधा का कृष्ण में खो जाना,
यह अघोरी का शमशान में शिव से मिलना,
दोनों ही भक्ति के रंग हैं,
जो अलग होकर भी एक ही सत्य में विलीन होते हैं।

यह भक्त का हृदय,
जिसमें ईश्वर के प्रति केवल समर्पण है,
उसके बिना किसी अपेक्षा के,
उसके बिना किसी स्वार्थ के,
वह सच्ची भक्ति,
जिसमें व्यक्ति अपने अहं को भूल जाता है।

शिव की जटाओं में बसा गंगा का जल,
विष्णु के शंख की वह गूंज,
दोनों ही एक हैं, दोनों ही सत्य हैं,
क्योंकि भक्ति में न कोई द्वैत है, न कोई भेद।

भक्ति का यह पथ,
हर आत्मा को ईश्वर से जोड़ता है,
चाहे वह शिव हो या विष्णु
प्रेम हो या वैराग्य,
दोनों ही उस परम को पाने का साधन हैं।

यह वैष्णव और शैव की भक्ति,
दोनों एक-दूसरे में पूरक,
जो मिलकर एक पूर्ण सत्य का दर्शन कराती हैं,

जहाँ प्रेम और वैराग्य का मिलन है,
जहाँ भक्ति ही मार्ग है, भक्ति ही लक्ष्य।
यह पथ कभी समाप्त नहीं होता,
यह निरंतर है, अनंत है,
जो साधक को उसकी मंज़िल तक ले जाता है,
और उसे ईश्वर के प्रेम में डूबा देता है।

भक्ति का यह अनवरत प्रवाह,
वह अमृत है, जो हर हृदय को शुद्ध करता है,
वह सच्चा अनुभव, जो हमें हमारे आत्मा से,
और हमारे ईश्वर से मिलाता है।

यह भक्ति का पथ,
जो वैष्णव की मुरली की धुन में है,
और शैव के डमरू की गूंज में,
जहाँ हर भक्त अपने ईश्वर को पाता है,
प्रेम में, समर्पण में, मौन में,
जहाँ भक्ति ही ईश्वर है,
और ईश्वर ही भक्ति।

शून्य का सत्य
(बौद्ध दर्शन)

यह बुद्ध का पथ,
जहाँ विचारों की हलचल शांत होती है,
जहाँ भीतर की मद्धम रोशनी,
सच्चाई की एक झलक देती है,
जहाँ सभी प्रश्न खो जाते हैं,
और मौन ही उत्तर बन जाता है।

यह पथ जो मध्यम है,
न अति भोग का, न अति त्याग का,
यह समभाव का मार्ग,
जहाँ इच्छा का हर बंधन टूटता है,
जहाँ दुख का अंत होता है,
और आत्मा का शांत समुद्र स्थिर होता है।

यह बुद्ध का संदेश,
कि संसार में दुख है,
यह जन्म, यह मृत्यु, यह भोग और तृष्णा,
सबके नीचे एक गहरी पीड़ा है,
जो हमें बार-बार जन्म और मृत्यु के चक्र में बाँधती है।

यह सम्यक दृष्टि,
जो हमें सत्य का दर्शन कराती है,
जो हमें सिखाती है,
कि यह जगत क्षणिक है,
और यह जीवन का हर क्षण एक अनमोल उपहार है,
जिसे समझना ही सच्चा ज्ञान है।

बुद्ध कहते हैं,
सम्यक संकल्प से ही मुक्ति है,
यह मन की वह स्थिति है,
जहाँ हम स्वयं को समझते हैं,
जहाँ हमारे विचारों में करुणा का स्पर्श होता है,
जहाँ अहंकार का अंत होता है।

यह सम्यक वाणी,
जो कठोर नहीं, जो मधुर है,
जो दूसरों की पीड़ा को समझती है,
और हमारे शब्दों में केवल शांति का संदेश होता है,
जहाँ हम किसी को चोट नहीं पहुँचाते,
बल्कि हर प्राणी से मैत्री करते हैं।

यह सम्यक कर्म,
जो केवल अच्छाई का निर्माण करता है,
जो किसी भी बुराई को मन में पनपने नहीं देता,
जो हर कर्म में केवल दया और करुणा को जन्म देता है,
और हमारे जीवन को शुद्धता से भर देता है।

यह सम्यक आजीविका,
जो किसी का हक नहीं छीनती,
जो किसी को दुख नहीं देती,
यह आजीविका का वह मार्ग है,
जो हमें संतोष और संतुलन सिखाता है,
और आत्मा को स्थिरता प्रदान करता है।

यह सम्यक प्रयास,
जो हमें सत्य की ओर ले जाता है,
जो हमें अपने भीतर के अंधकार से उबारता है,
जो हर बुरे विचार को नष्ट करता है,
और हमारे मन को शुद्ध करता है।

यह सम्यक स्मृति,
जो हमें हर क्षण जागरूक रखती है,
जो हमें हमारे हर कर्म, हर विचार की याद दिलाती है,
और हमें अपने लक्ष्य से भटकने नहीं देती,
यह आत्मा की वह चेतना है,
जो हमें सच्चे अर्थ में मानव बनाती है।

यह सम्यक समाधि,
जहाँ विचारों का समुद्र शांत हो जाता है,
जहाँ आत्मा का सूर्य उगता है,
जहाँ कोई इच्छा नहीं, कोई विकार नहीं,
बस मौन है, और उसमें अनंत शांति है।

यह बुद्ध का अष्टांग मार्ग,
जो हमें उस निर्वाण की ओर ले जाता है,
जहाँ न जन्म है, न मृत्यु
जहाँ दुख का कोई स्थान नहीं,
बस शांति का एक शाश्वत अनुभव है,
जो हमें हमारे सत्य से जोड़ता है।

बुद्ध का यह संदेश,
जो हर मानव के लिए है,
जो यह सिखाता है कि सच्ची खुशी भीतर है,
यह बाहर की कोई वस्तु नहीं,
यह मन की अवस्था है,
जो हमें अहंकार, तृष्णा और मोह से मुक्त करती है।

यह शून्य का दर्शन,
जो हमें यह दिखाता है कि हम सब एक हैं,
कि यह जगत माया है,
और सत्य केवल इस क्षण में है,
जिसे हम समझ सकते हैं,

अगर हम अपने भीतर की शांति को पा सकें।
यह बौद्ध दर्शन,
जो हमें सिखाता है कि हर प्राणी का उद्देश्य एक ही है,
कि हम सब इस अनंत चक्र से मुक्त होना चाहते हैं,
कि हम सब भीतर से शांत, मुक्त और प्रेममय होना चाहते हैं,
यह वही पथ है,
जो हमें उस अनंत निर्वाण की ओर ले जाता है।

यह जीवन का सबसे सरल मार्ग,
जहाँ हर कदम में करुणा है,
जहाँ हर सांस में शांति है,
जहाँ हर क्षण में सत्य का अनुभव है,
यह बौद्ध का दर्शन है,
जो हमारे भीतर के प्रकाश को जगाता है,
और हमें इस संसार की असारता का ज्ञान देता है।

यह बुद्ध का सत्य,
जो हमें यह सिखाता है कि मुक्ति कहीं बाहर नहीं,
बल्कि भीतर है,
यह एक यात्रा है,
जो अंततः हमें अपने वास्तविक स्वरूप से जोड़ती है,
जहाँ हम स्वयं को पहचानते हैं,
और वही शांति में विलीन हो जाते हैं।

यह बौद्ध का पथ,
जो हमें न केवल मुक्ति की राह दिखाता है,
बल्कि हर क्षण, हर सांस में जीने की कला सिखाता है,
जो हमारे भीतर की शांति को हर ओर बिखेरता है,
जो हमें सिखाता है कि सच्चा सुख केवल निर्वाण में है,
जहाँ कोई दुःख नहीं, कोई भय नहीं,
बस आत्मा का अनंत शून्य है।

मुक्ति का मार्ग
(जैन दर्शन)

यह आत्मा का मार्ग, यह मुक्ति का पथ,
जहाँ संकल्प और संयम की साधना है,
जहाँ स्वयं का साक्षात्कार,
और कर्मों का विनाश ही मोक्ष का द्वार है।

जैन कहते हैं –
मुक्ति वह अवस्था है,
जहाँ आत्मा स्वतंत्र है,
जहाँ न बंधन है, न कोई विकार,
केवल निर्मलता, केवल शांति का अधिकार।

यह अहिंसा का पाठ,
यह अपरिग्रह का व्रत,
जहाँ इच्छाओं का त्याग,
और बाहरी मोह का परित्याग ही है मुक्ति का मंत्र।

संयम और तप की यह साधना,
जिसमें शरीर के सुखों से ऊपर उठना है,
भोग की सीमाओं से परे जाना है,
जहाँ आत्मा की शक्ति का साक्षात्कार होता है,
और वही मुक्ति का मार्ग दिखाता है।

यह राग और द्वेष का क्षय,
जो हमें विकारों से मुक्त करता है,
जो जीवन के हर कर्म का भार हटाता है,
और आत्मा को शुद्धता की ओर ले जाता है,
जहाँ हर कर्म का बंधन टूट जाता है।

जैन का यह दर्शन,
जो हमें सिखाता है –
कि मुक्ति का मार्ग भीतर की यात्रा है,
यह कोई बाहरी विजय नहीं,
बल्कि भीतर का परिपूर्ण संतुलन है।

यह क्षमा का भाव,
जो क्रोध की अग्नि को शांत करता है,
यह मैत्री का संकल्प,
जो हर भेदभाव को मिटाता है,
और हमें समानता के सत्य में डुबो देता है।

यह आत्मा की स्वच्छता का अनुभव,
जो हर विचार को निर्मल बनाता है,
जो हर शब्द में शांति भरता है,
जो हर कर्म में संयम का प्रतिबिंब दिखाता है,
और हमें उस परम शांति की ओर ले चलता है।

यह केवल ज्ञान की प्राप्ति नहीं,
बल्कि ज्ञान का आचरण है,
जहाँ हर कर्म में करुणा की झलक होती है,
जहाँ हर निर्णय में विवेक का प्रकाश होता है,
और आत्मा की सच्ची मुक्ति की कामना प्रकट होती है।

जैन दर्शन का यह सत्य,
जो हमें यह सिखाता है –
कि यह जीवन एक अवसर है,
हर बंधन से मुक्त होने का,
हर अशुद्धि को धोने का,
और अंततः स्वयं को पहचानने का।

यह तप और त्याग की साधना,
जो आत्मा को निर्मलता की ओर ले जाती है,

जहाँ केवल अंतर्दृष्टि का प्रकाश होता है,
जहाँ केवल शांति की मधुर ध्वनि होती है,
जो हमें सच्चे मोक्ष की ओर ले जाती है।

यह संकल्प,
जो हमें हर मोह से मुक्त करता है,
जो हमें हर सांसारिक आकर्षण से दूर करता है,
और हमें हमारे भीतर की
उस अनंतता का अनुभव कराता है,
जो सदा से थी, सदा रहेगी।

यह केवल आत्मा का बोध नहीं,
बल्कि आत्मा की शुद्धता का अनुभव है,
जहाँ न कोई दुःख है, न कोई सुख,
बस संतुलन की वह स्थिति है,
जिसे हम मुक्ति कहते हैं।

यह मुक्ति का मार्ग,
जो केवल विचारों का अंत नहीं,
बल्कि विचारों के परे का सत्य है,
जहाँ हर इच्छा, हर लालसा समाप्त होती है,
और आत्मा को उसका वास्तविक स्वरूप प्राप्त होता है।

यह जैन का संदेश,
जो हर आत्मा को यह स्मरण दिलाता है,
कि मुक्ति बाहर नहीं, भीतर है,
कि मोक्ष कोई गंतव्य नहीं,
बल्कि आत्मा का स्वभाव है,
जो हर बंधन से मुक्त,
हर विकार से रहित है।

यह मुक्ति का मार्ग,
जो अहिंसा की भावना में बसा है,

जो संयम की साधना में संजोया है,
जो तप और त्याग की अग्नि में तपाया है,
और आत्मा को उसकी शुद्धता तक पहुँचाता है।

यह जैन का अनमोल सत्य,
कि मुक्ति कोई बाहरी विजय नहीं,
बल्कि अपने भीतर की यात्रा है,
जिसमें हम अपने असली स्वरूप का साक्षात्कार करते हैं,
और अंततः उस परम शांति को प्राप्त करते हैं,
जो आत्मा का वास्तविक स्वरूप है।

यह मुक्ति का मार्ग,
जहाँ कोई भय नहीं,
जहाँ कोई दुःख नहीं,
केवल शांति, केवल आनंद,
जहाँ आत्मा सदा के लिए मुक्त हो जाती है,
और अनंत शांति में विलीन हो जाती है।

सुख की अभिलाषा
(चार्वाक दर्शन)

यह चार्वाक का मार्ग है,
जिसमें जीवन की वास्तविकता को महसूस किया जाता है,
भौतिकता की सरलता में गहराई है,
जहाँ सत्य का माप अनुभूति है,
जहाँ ज्ञान का आधार केवल इंद्रिय है।

जीवन को जियें इस क्षण में,
काल के क्षणों में खोकर नहीं,
यहाँ हर सांस में भोग का स्वाद है,
जीवन का सार है आनंद,
जो क्षणिक है, पर अनमोल है।

धर्म के भारी बोझ से मुक्त,
जहाँ कोई आडंबर नहीं,
कोई जटिलता नहीं,
यहाँ केवल सरलता का पाठ है,
जहाँ तर्क की शक्ति को पहचानना है।

स्वयं के अनुभव को सर्वोपरि मानते हैं,
बुद्धि का सम्मान करते हैं,
जिन्हें बाहरी सच्चाईयों में विश्वास नहीं,
पर अपनी इंद्रियों की आवाज सुनते हैं,
हर अनुभव को जीते हैं,
हर पल को समर्पित करते हैं।

यहाँ जीवन का मतलब,
मृत्यु के बाद की चिंताओं में नहीं है,
यहाँ समर्पण है इस जीवन को,

भोग की प्राप्ति में,
जो भी क्षण हमें मिले,
उसे भरपूर जीना है।

चार्वाक का दर्शन,
जो जीवन को सुंदरता की नजर से देखता है,
जो हमें कहता है कि सुख के लिए,
इस धरती पर हर क्षण का उपयोग करो,
हर अनुभव को भोगो,
हर लहर में डूबो।

यहाँ कोई धर्म नहीं,
कोई पुनर्जन्म का भय नहीं,
सिर्फ वर्तमान का जश्न है,
सिर्फ तर्क की अग्नि है,
जो असत्य को जलाकर सत्य की रौशनी लाती है।

यह जीवन का मूल्यांकन है,
बिना किसी तामझाम के,
यहाँ सच्चाई का अद्वितीय रूप है,
जहाँ कर्म का फल इस जीवन में ही मिलता है,
जहाँ हर आचरण का मूल्य है,
और हर क्रिया का परिणाम।

चार्वाक की विद्या,
जो निस्संदेहता में समर्पित है,
जो हर मान्यता को चुनौती देती है,
जो कहती है, केवल वही सच है,
जिसका अनुभव किया जा सके,
जो दृष्टि में आए,
जो हमारे अनुभव का हिस्सा बने।

यह ज्ञान का व्रत है,

जो हमें यह सिखाता है,
कि जीवन को सरलता से जीना चाहिए,
कि जो कुछ भी है,
वह हमारे सामने है,
और वही असली है।

चार्वाक का दर्शन,
जो बौद्धिक स्वतंत्रता का प्रतीक है,
जो सोचने की आज़ादी देता है,
जो सिखाता है कि सोचने में ही शक्ति है,
और यही स्वतंत्रता का मर्म है,
जहाँ हम अपने लिए अपने मार्ग का चयन कर सकते हैं।

यह भौतिकता की पूजा नहीं,
पर भौतिकता का सच्चा बोध है,
जो हमें दिखाता है कि जीवन केवल भोग नहीं,
बल्कि अनुभवों की श्रृंखला है,
जो हमें आत्मिक उन्नति की ओर ले जाती है,
जहाँ हम हर अनुभव को समर्पित करते हैं।

यह चार्वाक का दर्शन है,
जो हमें सिखाता है कि हम केवल जीना नहीं,
बल्कि जीवन का आनंद लेना चाहिए,
क्योंकि यह क्षण अनमोल है,
और हर क्षण में हमें खुश रहने का हक है।

यह एक खुला द्वार है,
जो हमें सिखाता है कि स्वतंत्रता का अर्थ है,
अपने अनुभवों को जीना,
अपने सत्य को पहचानना,
और जीवन के हर पल में आनंदित होना।

यहाँ हर विचार को सम्मान दिया जाता है,

जो हमें स्वयं के ज्ञान का अनुभव कराता है,
चार्वाक का दर्शन एक चुनौती है,
जो कहता है कि जीवन का असली अर्थ,
हमारे अपने अनुभवों में ही छिपा है।

जीवन के इस नृत्य में,
चार्वाक का संदेश है,
भोगो, जिओ, अनुभव करो,
क्योंकि यही सत्य है,
और यही जीवन का सार है।

यूनानी एवं रोमन दर्शन का प्रकाश

सुकरात का दर्शन:

सुकरात ने ज्ञान, नैतिकता और आत्म-परीक्षण पर जोर दिया। उनका दर्शन मानवीय ज्ञान और आत्म-ज्ञान की खोज पर आधारित है। उनके अनुसार, ज्ञान नैतिकता का आधार है और "अपने आप को जानो" उनका मुख्य सूत्र था। उन्होंने कहा कि असली समझ आत्मा की शुद्धता में है, और उन्होंने प्रश्न पूछने की एक विधि (सुकरातीय विधि) विकसित की जिससे विचारधारा को स्पष्ट और गहन रूप से समझा जा सके।

प्लेटो का दर्शन:

प्लेटो, सुकरात के शिष्य, ने आदर्शवाद (Idealism) को विकसित किया और उन्होंने अपनी "रिपब्लिक" पुस्तक में एक आदर्श राज्य की कल्पना की। प्लेटो के अनुसार, भौतिक दुनिया सिर्फ एक प्रतिकृति है, और असली सच्चाई "Forms" या "Ideals" में होती है। उन्होंने दर्शन को ज्ञान की उच्चतम अवस्था माना और न्याय, सत्य, और सौंदर्य के आदर्शों पर जोर दिया।

अरस्तू का दर्शन:

प्लेटो के शिष्य अरस्तू ने अधिक व्यावहारिक दृष्टिकोण अपनाया। उन्होंने अनुभव और वास्तविकता को समझने के लिए तर्क और निरीक्षण का सहारा लिया। उनका "कारण और परिणाम" पर आधारित दर्शन विज्ञान, नैतिकता, राजनीति, और जीवन के विभिन्न क्षेत्रों में लागू होता है। अरस्तू ने तर्कशास्त्र (Logic), वस्तुविज्ञान (Metaphysics), नैतिकता (Ethics), और राजनीति (Politics) में योगदान दिया और उनका दृष्टिकोण अधिक व्यावहारिक और अनुभवजन्य था।

स्टोइक दर्शन:

स्टोइक दर्शन का मूल सिद्धांत आंतरिक शांति, संयम, और भाग्य के प्रति स्वीकार्यता पर आधारित है। स्टोइक दार्शनिकों (जैसे कि सेनेका और मार्कस ऑरेलियस) ने सिखाया कि बाहरी परिस्थितियों के बजाय अपनी आंतरिक मनःस्थिति पर नियंत्रण रखना चाहिए। उनका विश्वास था कि हमारी इच्छाओं को सीमित करके और तर्कसंगत जीवन जीकर हम सच्ची खुशी पा सकते हैं।

एपिकयूरस का दर्शन:

एपिकयूरस का दर्शन भौतिकवाद और सुखवाद पर केंद्रित था, जहाँ उन्होंने सिखाया कि आनंद जीवन का मुख्य उद्देश्य है, परंतु इसका अर्थ शारीरिक सुख नहीं बल्कि मानसिक शांति और चिंता से मुक्ति है। उन्होंने बताया कि संयम, सरलता, और मित्रता से एक सुखी जीवन पाया जा सकता है। उनके अनुसार, हमें उन इच्छाओं का पीछा नहीं करना चाहिए जो अशांति का कारण बनती हैं।

थेल्स, पाइथागोरस, और हिप्पोक्रेट्स प्राचीन यूनानी विचारक थे जिन्होंने विज्ञान, गणित, और चिकित्सा के क्षेत्र में महत्वपूर्ण योगदान दिया।

थेल्स का दर्शन:

थेल्स (624–546 ईसा पूर्व) को पश्चिमी दर्शन का जनक माना जाता है। उनका मानना था कि ब्रह्मांड का मूल तत्व "जल" है, और हर चीज़ का निर्माण जल से हुआ है। उन्होंने तर्क और अवलोकन के आधार पर प्राकृतिक घटनाओं को समझने की कोशिश की, जिससे प्राचीन ग्रीक विज्ञान की नींव पड़ी। थेल्स ने ज्यामिति में भी योगदान दिया, जिसमें थेल्स प्रमेय का सिद्धांत है, जो त्रिकोणों के कोणों के बीच संबंध स्थापित करता है।

पाइथागोरस का दर्शन:

पाइथागोरस (570–495 ईसा पूर्व) एक प्रसिद्ध गणितज्ञ और दार्शनिक थे। उन्होंने गणित को आध्यात्मिक दृष्टिकोण से देखा और यह मानते थे कि संख्याएं ब्रह्मांड का आधार हैं। पाइथागोरस प्रमेय ($a^2 + b^2 = c^2$), जो किसी समकोण त्रिकोण की भुजाओं के संबंध को दर्शाता है, उनके नाम पर है। इसके अलावा, उन्होंने एक धार्मिक समुदाय की स्थापना की, जहाँ संख्या और संगीत के तालमेल को जीवन और आत्मा के विकास के लिए महत्वपूर्ण माना गया।

हिप्पोक्रेट्स का दर्शन:

हिप्पोक्रेट्स (460–370 ईसा पूर्व) को "चिकित्सा के जनक" के रूप में जाना जाता है। उन्होंने चिकित्सा को धार्मिक अंधविश्वासों से दूर कर एक वैज्ञानिक दृष्टिकोण अपनाया। हिप्पोक्रेट्स का मानना था कि रोग प्राकृतिक कारणों से होते हैं, न कि देवताओं के प्रकोप से। उन्होंने "हिप्पोक्रेटिक शपथ" की भी रचना की, जो आज भी चिकित्सा जगत में नैतिकता का मानक मानी जाती है। उनके योगदान ने चिकित्सा को एक स्वतंत्र विज्ञान के रूप में स्थापित किया।

सत्य का संवाद

(सुकरात का ज्ञान)

यह सुकरात का मार्ग है,
जहाँ सत्य की खोज में,
हर प्रश्न एक नई दुनिया का दरवाज़ा खोलता है,
हर उत्तर में छिपी है अनंतता,
जहाँ ज्ञान की तलाश है,
और ज्ञान केवल वह नहीं जो हमें बताया गया,
यह वह है जो हम स्वयं अनुभव करते हैं।

विचारों की इस गहराई में,
संदेह का स्वागत है,
क्योंकि सत्य को जानने के लिए,
हमें पहले अपने विश्वासों को चुनौती देनी होगी,
हमें पूछना होगा,
क्या मैं सही हूँ?
क्या यह सच है?
क्या यह सचमुच सत्य का रूप है?

सुकरात की विद्या,
जो ज्ञान की दीक्षा है,
यह सिखाती है कि संवाद में शक्ति है,
कि प्रश्न पूछने से ही हम
अपने भीतर की खोई हुई राह खोजते हैं,
हर बातचीत एक अन्वेषण है,
एक यात्रा है अपने भीतर के अंधकार में,
जहाँ केवल सत्य की रोशनी दिखती है।

यह तर्क की अग्नि है,
जो असत्य को जलाकर सच को उजागर करती है,
जो हमें दिखाती है कि
अज्ञानता ही सबसे बड़ा दुश्मन है,
यहाँ अज्ञान का गर्व नहीं,
बल्कि ज्ञान का साधना है,
जो आत्मा को उत्तम बनाती है,
और मन को जगाती है।

सुकरात की आत्मा,
जो चिंतन की धारा में बहती है,
जो कहती है,
"मैं कुछ नहीं जानता,"
इसलिए, हर दिन,
हर क्षण,
एक नई शुरुआत है,
जहाँ हम अपने ज्ञान की सीमाओं को तोड़ते हैं,
और खोजते हैं उस सच्चाई को,
जो जीवन के हर पल में है।

यह जीवन का संवाद है,
जहाँ हर मनुष्य एक शिक्षक है,
जहाँ हर वार्तालाप एक अद्वितीय शिक्षा है,
यहाँ केवल ज्ञान का संचय नहीं,
बल्कि अनुभव का आदान-प्रदान है,
जो हमें औरों से जोड़ता है,
जो हमें मानवता के बंधनों में बाँधता है।

यह सुनने की कला है,
जहाँ हर आवाज़ का महत्व है,
जहाँ हम एक-दूसरे को सुनते हैं,
जहाँ विचारों की अदला-बदली होती है,
जहाँ हमारी आत्माएँ एक-दूसरे में गहराई से जुड़ती हैं,

यहाँ संवाद में ही प्रेम है,
यहाँ संवाद में ही सत्य है।

सुकरात का यह दर्शन,
जो सिखाता है कि जीवन का अर्थ केवल जीना नहीं,
बल्कि अपने भीतर की सच्चाई को पहचानना है,
अपने विश्वासों को चुनौती देना है,
ताकि हम उस वास्तविकता को खोज सकें,
जो समय के हर परिवर्तन में छिपी है।

यह सत्य की खोज है,
जो हमें केवल बुद्धि की ऊँचाइयों पर नहीं,
बल्कि दिल की गहराइयों में भी ले जाती है,
यहाँ हम समझते हैं कि
सत्य कभी सरल नहीं होता,
यह अक्सर जटिलताओं से भरा होता है,
पर यह हमारी यात्रा का सार है।

यह संवाद का सफर है,
जो हमें एकत्रित करता है,
जो हमें जोड़ता है,
जो हमें सिखाता है कि,
सत्य की खोज में,
हर आवाज़ का महत्व है,
हर प्रश्न का एक अर्थ है,
हर उत्तर एक नई दिशा देता है।

सुकरात का यह संदेश,
जो हमें कहता है,
"जीवित रहो, सोचो, सीखो,"
क्योंकि ज्ञान का मूल अनुभव में है,
यहाँ हर विचार में छिपा है एक नया प्रकाश,
जो जीवन को अर्थ और उद्देश्य देता है।

यह जीवन का संवाद है,
सत्य के साथ,
जो हमें आत्मा के गहरे क्षणों से जोड़ता है,
जो हमें मानवता की सच्चाई का बोध कराता है,
और हमें सिखाता है,
कि हर संवाद,
हर विचार,
हर सत्य,
हमें एक-दूसरे के करीब लाता है।

यह सुकरात का दर्शन है,
जो केवल ज्ञान की बात नहीं करता,
यह आत्मा के संवाद का परिचायक है,
जहाँ हर व्यक्ति की आवाज़,
हर आत्मा की कहानी,
सत्य की ओर एक कदम और बढ़ाती है।

विचारों का विस्तार
(प्लेटो का रास्ता)

यह प्लेटो का विचार है,
जहाँ मन की गहराइयों में छिपे हैं,
सत्य के रूप और छायाएँ,
जहाँ वास्तविकता का मर्म,
खुद को एक रूप में दिखाता है,
और हमारे दृष्टिकोण को समृद्ध करता है।

यह एक गुफा है,
जहाँ जीवन की परछाइयाँ दीवारों पर खेलती हैं,
जहाँ हम अपनी सीमाओं में बंधे,
सिर्फ छाया का खेल देखते हैं,
पर उस गुफा से बाहर निकलकर,
सच्चाई की रोशनी में,
हम देख सकते हैं असली रूप।

प्लेटो की विद्या,
जो हमें सिखाती है,
कि ज्ञान का पहला कदम,
संदेह है,
सभी प्रश्नों का उत्तर पाने के लिए,
हमें पहले अपने अज्ञान को स्वीकारना होगा,
ताकि हम वास्तविकता के प्रकाश में आ सकें।

यह विचारों का विस्तार है,
जो हमें आगे बढ़ाता है,
क्योंकि हर विचार एक बीज है,
जो अपनी जड़ों को फैलाता है,

हर सोच एक वृक्ष बनती है,
जो हमें सिखाती है,
कि वास्तविकता केवल वही नहीं है,
जो हमें दिखती है,
बल्कि जो हमें समझनी है।

यहाँ हम संवाद करते हैं,
जहाँ हर प्रश्न एक नई संभावनाएँ खोलता है,
जहाँ हर उत्तर,
नए विचारों का जन्म देता है,
और इसी से बनता है,
ज्ञान का समुद्र,
जिसमें हम सब तैरते हैं,
जहाँ गहरे समुद्र की गहराइयों में,
सत्य के मोती छिपे हैं।

प्लेटो का यह दर्शन,
जो रूप और विचार की यात्रा है,
हमें दिखाता है कि जीवन का अर्थ,
केवल भौतिकता में नहीं है,
बल्कि उस आध्यात्मिक गहराई में है,
जहाँ विचार, भावना और अस्तित्व एक साथ मिलते हैं।

यह एक बौद्धिक यात्रा है,
जहाँ हम अपने भीतर की आवाज़ सुनते हैं,
जहाँ हम विचारों के संसार में चलते हैं,
जहाँ हम केवल विचार नहीं करते,
बल्कि विचारों को अनुभव करते हैं,
ताकि हम अपनी सच्चाई को पहचान सकें।

यह विचारों की यात्रा है,
जो हमें आत्मा के अनंत विस्तार में ले जाती है,
जहाँ हम समझते हैं,

कि ज्ञान की हर बूँद,
हमें आत्मा के अंधकार से प्रकाश की ओर ले जाती है,
जहाँ हम गहराई से जीते हैं।

प्लेटो का यह संदेश,
जो कहता है,
"विचारों का विस्तार करो,
ताकि तुम वास्तविकता को पहचान सको,"
यह हमें सिखाता है कि,
हर सोच का एक उद्देश्य है,
हर विचार की एक गहराई है,
और यही जीवन का सार है।

यह संवाद का मंच है,
जहाँ हम विचारों का आदान-प्रदान करते हैं,
जहाँ हर आवाज़,
एक नई ध्वनि को जन्म देती है,
यहाँ हर विचार,
एक नई दिशा में अग्रसर होता है,
ताकि हम अपने मन के क्षितिज को
और विस्तारित कर सकें।

यह प्लेटो का दर्शन है,
जो ज्ञान की गहराई में छिपा है,
जो हमें कहता है,
"विचारों का विस्तार करो,
जीवन के हर क्षण में,"
क्योंकि यही हमारी सच्चाई है,
और यही हमारी यात्रा है,
जहाँ हम सब एक साथ चलते हैं,
सत्य की ओर,
ज्ञान के रास्ते पर।

न्याय का मर्म
(अरस्तू का दर्शन)

यह अरस्तू का मार्ग है,
जहाँ न्याय का मर्म,
जीवन के हर पहलू में छिपा है,
जहाँ सच्चाई का तराजू,
समानता और विवेक के साथ संतुलित होता है,
जहाँ नीति और नैतिकता,
एक-दूसरे से जुड़ी होती हैं।

न्याय केवल कानून नहीं,
यह समाज का सजीव धागा है,
यह हमें सिखाता है,
कि सही और गलत के बीच का अंतर,
कभी-कभी केवल छाया में नहीं,
बल्कि गहराई में छिपा होता है,
जहाँ हर निर्णय,
एक जिम्मेदारी का बोध कराता है।

अरस्तू की दृष्टि,
जो मानवता के लिए है,
यह कहती है कि,
"न्याय का अर्थ केवल सजा नहीं,
बल्कि सुधार भी है,"
यह एक यात्रा है,
जो हमें स्वयं की पहचान,
और समाज की दिशा को समझाती है।
यह समाज का वह ताना-बाना है,
जो हर व्यक्ति को जोड़ता है,
जहाँ प्रत्येक व्यक्ति का अधिकार,

एक-दूसरे के अधिकारों का सम्मान करता है,
जहाँ सहिष्णुता की बुनियाद पर,
सच्चे न्याय की इमारत खड़ी होती है।

न्याय का यह मर्म,
एक अंतर्दृष्टि है,
जो हमें सिखाता है,
कि हमें निर्णय लेते समय,
विवेक की रोशनी में चलना होगा,
क्योंकि हर निर्णय,
एक नया अध्याय लिखता है,
जिसका प्रभाव पीढ़ियों तक रहेगा।

यह न्याय की खोज है,
जहाँ हम सही कार्य की तलाश में हैं,
जहाँ हमारी चेतना,
हमें सही दिशा में ले जाती है,
ताकि हम केवल अपने लिए नहीं,
बल्कि समाज के लिए भी जी सकें।

अरस्तू का यह सिद्धांत,
जो हमें बताता है कि,
न्याय का आधार केवल नियम नहीं,
बल्कि मनुष्य की प्रकृति में है,
जहाँ हर मनुष्य का महत्व है,
जहाँ हर व्यक्ति का अधिकार,
एक बेहतर समाज की नींव है।

यह संवाद का आधार है,
जहाँ हर आवाज़ को सुना जाता है,
जहाँ हर समस्या का समाधान,
सिर्फ एक निर्णय नहीं,
बल्कि एक सहमति का परिणाम है,
जो सभी के लिए न्याय सुनिश्चित करता है।

यह मानवता की गारंटी है,
जो हमें दिखाती है कि,
न्याय केवल व्यक्तिगत नहीं,
यह सामाजिक दायित्व है,
जहाँ हम सब एक साथ मिलकर,
एक समृद्ध समाज का निर्माण करते हैं।

अरस्तू का यह दर्शन,
जो न्याय का गहरा मर्म है,
हमें सिखाता है,
"न्याय का मार्ग चुनो,
सिर्फ खुद के लिए नहीं,
बल्कि समाज के लिए,"
क्योंकि यही हमारा कर्तव्य है,
और यही हमारी जिम्मेदारी।

यह न्याय का संकल्प है,
जो हमें हर दिन प्रेरित करता है,
जहाँ हम सत्य और नैतिकता के साथ चलते हैं,
जहाँ हम न्याय का आदान-प्रदान करते हैं,
ताकि हम एक ऐसी दुनिया का निर्माण कर सकें,
जहाँ हर व्यक्ति को उसका स्थान मिले,
और हर आवाज़ को एक सुनहरा अवसर।

विवेक और आत्ममंथन
(स्टोइक दर्शन)

स्टोइक विचारों की गहराई में,
विवेक का दीप जलता है,
जहाँ आत्ममंथन की प्रक्रिया,
हमें भीतर की आवाज़ सुनने को प्रेरित करती है,
जहाँ हर चुनौती,
हमें सिखाती है,
कि असली शक्ति,
असंगति में ही निहित है।

यह धैर्य का पाठ है,
जहाँ हम समझते हैं,
कि बाहरी घटनाएँ,
हमारी मनोदशा को नहीं तय कर सकतीं,
यह हमारी प्रतिक्रियाएँ हैं,
जो जीवन को दिशा देती हैं,
जहाँ हर कठिनाई,
एक नया सबक लेकर आती है।

विवेक की यह साधना,
हमें वास्तविकता की गहराई में ले जाती है,
जहाँ हम अपनी सोच को परखते हैं,
हर विचार का मूल्यांकन करते हैं,
और खुद से पूछते हैं,
"क्या यह मेरे मूल्य के अनुरूप है?"
क्योंकि सच्चा ज्ञान,
अपने भीतर की खामोशी से उपजता है।

यह आत्ममंथन का क्रम है,
जहाँ हम अपने कर्मों का अवलोकन करते हैं,
जहाँ हम अपने अंतर्मन में झांकते हैं,
ताकि हम जान सकें,
कि हमारा अस्तित्व,
किस प्रकार हमारे विचारों से संचालित होता है।

स्टोइक दर्शन,
जो हमें सिखाता है,
कि शांति की कुंजी,
हमारी सोच में है,
जहाँ हम नियंत्रण रखते हैं,
उन चीजों पर जो हमारे हाथ में हैं,
और समझते हैं,
कि अन्य का संघर्ष,
हमें प्रभावित नहीं कर सकता।

यह एक यात्रा है,
जो आत्म-खोज का मार्ग प्रशस्त करती है,
जहाँ हम अपनी इच्छाओं और भय को पहचानते हैं,
और उन्हें अपने विवेक से परे रखते हैं,
ताकि हम स्वतंत्रता का अनुभव कर सकें,
जहाँ हर स्थिति में,
हम अपने मन की शांति को बनाए रखते हैं।

यह विवेक का प्रदर्शन है,
जहाँ हम अपनी संवेदनाओं को नियंत्रित करते हैं,
जहाँ हम समझते हैं,
कि जीवन का उद्देश्य,
खुश रहने में नहीं,
बल्कि सही निर्णय लेने में है,
क्योंकि हर निर्णय,
हमारी पहचान को आकार देता है।

स्टोइक विचार हमें प्रेरित करता है,
कि हम स्वयं पर निर्भर रहें,
कि बाहरी संसार की हलचलें,
हमें विचलित न कर सकें,
बल्कि हम अपने भीतर की शक्ति को पहचानें,
जो हमें हर परिस्थिति का
सामना करने का साहस देती है।

यह विवेक और आत्ममंथन का संगम है,
जहाँ हम सच्चाई के प्रति सजग होते हैं,
जहाँ हम अपने भीतर की गहराईयों में,
वास्तविकता का सामना करते हैं,
ताकि हम अपने उद्देश्य को पहचान सकें,
और अपने जीवन को
सार्थकता की ओर ले जा सकें।

स्टोइक दर्शन का यह संदेश,
हमें सिखाता है,
"स्वयं के प्रति ईमानदार रहो,
और विवेक से सोचो,"
क्योंकि यही हमारी ताकत है,
और यही हमारे अस्तित्व की सार्थकता है।

आनंद का अनुभव
(एपिकयूरस की दृष्टि)

एपिकयूरस की दृष्टि से,
आनंद का अनुभव,
सुख की खोज में एक गहरी यात्रा है,
यह क्षणों की मिठास में छिपा है,
जहाँ जीवन के साधारण पलों में,
खुशियों का संसार है।

आनंद का यह मार्ग,
संगति में है,
प्रियजनों के साथ बिताए गए क्षणों में,
सच्चे दोस्ती की गर्माहट में,
जहाँ हर मुस्कान,
एक जश्न की तरह खिल उठती है।

सुख का मूल,
किसी भौतिक वस्तु में नहीं,
बल्कि मन की स्थिति में है,
यह शांत मन से उपजता है,
जो सरलता में गहराई देखता है,
जहाँ प्रकृति की गोद में,
एक नयी चेतना का अहसास होता है।

वह क्षण,
जब सूरज की किरणें,
धरती को स्पर्श करती हैं,
या जब चाँद की रोशनी,
रात की चादर बिछाती है,
ये सरल अनुभव,
हमें सुख का बोध कराते हैं,

क्योंकि आनंद,
शायद, इनसे ही शुरु होता है।

एपिकयूरस की शिक्षाएँ,
हमें सिखाती हैं,
कि आनंद का आनंद,
हर चीज में छिपा होता है,
यह नशे में नहीं,
न कि बुराई के रास्ते में,
परन्तु संतोष के क्षणों में है।

यह स्वाभाविक आनंद,
एक चयन है,
जहाँ हम अपने अंदर की आवाज़ सुनते हैं,
और समझते हैं,
कि सच्चा सुख,
किसी बाहरी संदर्भ से नहीं,
बल्कि स्वयं के अनुभव से आता है।

आनंद की यह साधना,
समर्पण और संतोष का गीत है,
जहाँ हम सीखते हैं,
कि हर क्षण को जीना है,
हर सांस में,
जीवन के जश्न को महसूस करना है।

यह विचार,
हमें समझाता है,
कि जिन्दगी की जटिलताओं में,
सुख का सारांश सरलता में है,
हमारी इच्छाओं को सीमित करके,
हम सच्चे आनंद की ओर बढ़ सकते हैं,
जहाँ हम अपने मन की शांति को पाते हैं।

एपिकयूरस का संदेश,
हमें यह सिखाता है,
"सुख की खोज में,
खुद को खो मत,"
क्योंकि असली आनंद,
स्वयं को जानने में है,
और जीवन के छोटे-छोटे पलों में।

यह आनंद का अनुभव,
हमारे अस्तित्व को समृद्ध करता है,
यह एक गहरी धुन है,
जो हमें हर दिन नई शुरुआत देती है,
क्योंकि जब हम आनंद में जीते हैं,
तब हम सच्चे अर्थ में,
जीने का आनंद लेते हैं।

पानी में कहानी
(थेल्स का दर्शन)

वह जल की लहरों में खोजता था ब्रह्मांड का रहस्य,
उसकी दृष्टि समंदर की गहराइयों से परे,
आकाश की अनंतता को मापने की चाह में तैरती।
उसने देखा, हर बूंद में बसी है एक कहानी,
धरती की जड़, आकाश की छाया,
और जीवन की हर हलचल में जल का प्रतिबिंब।

वह कहता था, "सब कुछ है जल,"
एक तत्व, जो बदलता है रूप,
कभी नदियों में बहता, कभी बादलों में उड़ता,
कभी धरती की छाती में समा जाता चुपचाप।

यह जल नहीं, यह है संसार का मूल,
हर स्पंदन का स्रोत, हर गति की प्रेरणा,
उसके चिंतन में था एक ऐसा सूत्र,
जो जोड़ता था हर कण को, हर जीवन को।

थेल्स के लिए दर्शन था – खोज उस अदृश्य धागे की,
जो बुनता है प्रकृति की हर बनावट को,
जो जल के बहाव में पाता है दिशा,
जो स्थिरता और परिवर्तन का संगीत रचता है।

उसने देखा एकता हर विविधता में,
हर बूँद में सागर की पुकार,

हर लहर में छिपी चिरंतनता की झलक,
और कहा, "यह जल ही जीवन है,
यह जल ही सृष्टि का शाश्वत सत्य।"

वह खड़ा था अकेला, समय के प्रवाह में,
पर उसकी दृष्टि थी अनंत,
जो जोड़ती थी अतीत को भविष्य से,
जो खोजती थी उस मौन को
जिसमें जल है, जीवन है, और है ब्रह्मांड का समग्र सत्य।

आज भी उसकी दृष्टि हमें बुलाती है,
हर बूंद में, हर लहर में, हर नदी के किनारे,
उसकी आवाज गूंजती है –
"खोजो वह जल, जो जीवन है, जो अनश्वर है,
जो हर कण में विद्यमान है, जो हर जीवन का सार है।"

थेल्स के शब्द नहीं, उसकी दृष्टि है,
जो बहती है समय के साथ,
हर युग में, हर जीवन में,
एक प्रवाह की तरह, जो कभी नहीं रुकता,
कभी नहीं थमता।

संख्याएँ - सृष्टि का मर्म
(पाइथागोरस का दर्शन)

संख्या थी उसकी भाषा,
गूढ़ रहस्यों का गीत,
उसकी आत्मा गूंजती थी संख्याओं की ताल में,
हर बिंदु में, हर रेखा में खोजता वह संगीत का मर्म।

उसने देखा एक नियम – अदृश्य, अपरिवर्तित,
एक सूत्र जो जोड़ता है सबकुछ,
वह त्रिभुजों के कोणों में था,
वह तारों के पथ में था,
वह लहरों की लय में बसा था चुपचाप।

संख्या, आकार, और अनुपात –
उसके लिए यह केवल गणित नहीं था,
यह था ब्रह्मांड का हृदय,
धड़कता हुआ, अपनी लय में,
हर ध्वनि, हर धड़कन में।

पाइथागोरस जानता था, संख्याएँ हैं, पर हैं उससे अधिक,
वे मात्र मान नहीं, जीवन के भव्य स्वरूप के अक्षर हैं,
जो गाते हैं एक ऐसा गीत,
जो हर जीव के भीतर गूंजता है,
जो हर तत्व में छिपा है, हर कण में गुंथा है।

उसने देखा संगीत की हर तान में एक सूत्र,
जो जोड़ता है मानव को, आकाश को, धरती को,
उसने देखा, गणित की ठोस संख्याओं के पीछे,
एक ऐसा नृत्य, जो न तो देख सकता था, न सुन सकता था,

पर था अनंत में, एक गूंज की तरह, अविराम, अपरिवर्तित।

पाइथागोरस कहता था, "हर चीज़ है संख्या,"
एक भाषा जो न कभी बदलती है, न कभी थमती है,
जो रचती है दिन और रात, ऋतुओं का चक्र,
जो बुनती है जीवन और मृत्यु का खेल,
जो स्थिर है, और फिर भी हर क्षण बदलती है।

संख्याओं के इस ब्रह्मांड में उसने पाया था संतुलन,
एक ताल, जो कण-कण को बांधती है,
जो प्रकाश की गति में छिपी है,
जो सागर की गहराइयों में थिरकती है।

उसके लिए संख्या थी अध्यात्म,
एक अनंत सत्य की झलक,
जो हर जगह थी, हर समय थी,
हर युग में, हर स्पंदन में जीवित।

वह देखता था संसार को संख्याओं की दृष्टि से,
हर रूप में, हर स्थिति में एक सूत्र,
एक पैटर्न, जो जोड़ता है क्षुद्र को विराट से,
जो समझाता है उस मौन को, जो शब्दों से परे है।

आज भी उसकी संख्याएँ गूंजती हैं,
हर गणना में, हर संगीत की लय में,
हर तारे के पथ में, हर लहर के स्पंदन में,
पाइथागोरस के उस दर्शन की छाया में,
जो कहती है – "संख्याएँ ही हैं सृष्टि का मर्म,
संख्याएँ ही हैं सत्य का स्वर।"

चिकित्सक की शपथ
(हिप्पोक्रेट्स का दर्शन)

वह देखता था मानव को, उसके रोग और दर्द में,
हर पीड़ा, हर लक्षण में खोजता था वह जीवन का विज्ञान।
न देवताओं का प्रकोप, न भाग्य की चाल,
उसकी दृष्टि में रोग का कारण था प्राकृतिक,
हर विकार, हर संताप –
एक संदेश, एक संकेत।

वह खड़ा था प्राचीन अंधविश्वासों के विरुद्ध,
जहां बीमारी थी अज्ञात भय का चेहरा,
उसने दी उसे नाम और पहचान,
उसने समझा शरीर को – रक्त, मांस, अस्थि का अद्भुत खेल।

हिप्पोक्रेट्स ने देखा मानवता का सत्य,
उसके उपचार का विज्ञान, उसके जीवन का अर्थ,
वह जानता था कि हर हृदय की धड़कन में है नियम,
हर श्वास, हर नाड़ी में बसा है संतुलन का सिद्धांत।

उसने सीखा प्रकृति से, पत्तियों की हरियाली से,
पानी की निर्मलता से, हवा के हलके स्पर्श से,
वह जानता था, हर रोग का इलाज है कहीं पास,
प्रकृति में बसा है हर विष का प्रतिकार,
हर दर्द का उत्तर।

हिप्पोक्रेट्स ने नहीं लिखा केवल नुस्खे,
उसने लिखे जीवन के नियम,
एक चिकित्सक की शपथ, जो कहती है –
"हर जीवन है पवित्र, हर उपचार है धर्म।"
उसके शब्दों में गूंजती है सेवा की गहराई,

एक ऐसा स्पर्श, जो मात्र शरीर को नहीं,
मन और आत्मा को भी छू जाए।

वह देखता था चिकित्सा को केवल विद्या नहीं,
बल्कि एक संवेदना, एक कला,
जो जोड़ती है मनुष्य को मनुष्य से,
जो पहचानती है दर्द को, उसका आधार,
और बनाती है पुल, विश्वास का, उपचार का।

हिप्पोक्रेट्स का दर्शन था –
कि हर शरीर में है आत्म-चिकित्सा का बल,
एक ऐसी शक्ति, जो हर जख्म को भर सकती है,
यदि उसे मिले प्रकृति की छांव,
और एक सहृदय हाथ का सहारा।

वह छोड़ गया एक ऐसा उत्तरदायित्व,
जो काल की सीमाओं से परे है,
जो कहता है हर चिकित्सक से –
"सुनो रोगी की कहानी, समझो उसकी वेदना,
हर शब्द में छुपा है एक उपचार,
हर लक्षण में बसी है एक आशा।"

आज भी उसकी शपथ हमें बुलाती है,
उसके दर्शन का धागा हमें जोड़ता है,
हर डॉक्टर की संवेदना में,
हर मरहम के स्पर्श में,
हिप्पोक्रेट्स का वह ज्ञान जीवित है,
जो कहता है – "चिकित्सा केवल विज्ञान नहीं,
यह है मानवता का परम धर्म।"

पश्चिमी दर्शन की आंधी

रेने डेकार्ट का द्वैतवादः

फ्रांसीसी दार्शनिक रेने डेकार्ट ने द्वैतवाद की अवधारणा प्रस्तुत की, जिसमें उन्होंने मन और शरीर को दो अलग-अलग तत्वों के रूप में परिभाषित किया। उनके अनुसार, मन या आत्मा सोचने वाली चेतना है, जो स्वतंत्र और अमूर्त होती है, जबकि शरीर भौतिक और यथार्थ से बंधा होता है। डेकार्ट का प्रसिद्ध वाक्य, "Cogito, ergo sum" ("मैं सोचता हूँ, इसलिए मैं हूँ"), इस विचार को पुष्ट करता है कि हमारे अस्तित्व का प्रमाण हमारी सोच में है।

रूसो, लॉक, ह्यूम का दर्शनः

जॉन लॉकः अंग्रेजी दार्शनिक जॉन लॉक ने मानव स्वतंत्रता और व्यक्तिगत अधिकारों की पैरवी की। उन्होंने कहा कि मानव का जन्म "tabula rasa" (कोरा कागज़) के रूप में होता है और अनुभव के माध्यम से ज्ञान प्राप्त करता है। उनके विचार आधुनिक लोकतंत्र और सरकारों के सिद्धांतों की नींव माने जाते हैं।

जीन-जैक्स रूसोः फ्रांसीसी दार्शनिक रूसो का मानना था कि मनुष्य प्राकृतिक अवस्था में स्वतंत्र और नैतिक होता है, लेकिन समाज और उसकी संरचनाएं उसे भ्रष्ट कर देती हैं। उनकी किताब "सामाजिक अनुबंध" (Social Contract) में, उन्होंने व्यक्तिगत स्वतंत्रता के साथ-साथ समाज की जिम्मेदारियों पर भी जोर दिया।

डेविड ह्यूमः स्कॉटिश दार्शनिक ह्यूम ने तर्कसंगतता और अनुभव के महत्व पर जोर दिया। वे संज्ञान और ज्ञान के मामलों में अनुभववाद के समर्थक थे और मानते थे कि सभी विचार अनुभवजन्य होते हैं। उनके विचारों ने आधुनिक नैतिकता और विज्ञान के विकास में महत्वपूर्ण योगदान दिया।

कांट का कर्तव्य दर्शन:

इमैनुएल कांट का कर्तव्य दर्शन (Deontological Ethics) मानता है कि नैतिकता किसी कार्य के परिणाम पर नहीं, बल्कि उस कार्य के पीछे की मंशा और कर्तव्य की भावना पर निर्भर करती है। कांट का "श्रेणीबद्ध निर्णय" (Categorical Imperative) कहता है कि हमें ऐसा आचरण करना चाहिए, जिसे सभी लोग एक सार्वभौमिक नियम के रूप में अपना सकें। उनका विचार था कि नैतिकता किसी भी बाहरी दबाव से नहीं, बल्कि आंतरिक कर्तव्य से आती है।

स्पिनोज़ा की एकता:

बारूच स्पिनोज़ा ने "मोनिज़्म" (एकवाद) का सिद्धांत दिया, जिसमें उन्होंने माना कि परम सत्य केवल एक ही है, जिसे हम ईश्वर या प्रकृति कह सकते हैं। उनके अनुसार, मनुष्य और ब्रह्मांड के बीच कोई द्वैत नहीं है; बल्कि, सब कुछ एक ही अनंत पदार्थ का हिस्सा है। स्पिनोज़ा का दर्शन यह मानता है कि प्रकृति के नियमों के अनुसार जीना ही सच्ची स्वतंत्रता और शांति की ओर ले जाता है।

शोपेनहोवेर की अनुभूति:

जर्मन दार्शनिक आर्थर शोपेनहोवर ने माना कि संसार की वास्तविकता "इच्छा" में निहित है। उनके अनुसार, जीवन में दुःख का कारण हमारी असीम इच्छाएं हैं, जिन्हें कभी पूरी तरह संतुष्ट नहीं किया जा सकता। शोपेनहोवर ने बुद्ध के विचारों से प्रभावित होकर कहा कि इस "इच्छा" से मुक्ति ही सच्चा सुख है और हमें सहानुभूति और त्याग के माध्यम से जीवन की कठिनाइयों को समझना चाहिए।

हेगल का दर्शन:

जॉर्ज विल्हेम फ्रेडरिक हेगल का दर्शन द्वंद्वात्मक पद्धति पर आधारित है, जिसे "थीसिस, एंटीथीसिस, और सिंथेसिस" के रूप में समझाया जाता है। उनके अनुसार, इतिहास और मानवता की प्रगति विभिन्न विरोधाभासों के बीच संघर्ष से होती है, जो अंततः एक उच्च सत्य में बदल जाती है। हेगल

का मानना था कि यथार्थ और कल्पना, विचार और अस्तित्व, ये सभी द्वैत हमारे विकास की प्रक्रिया का हिस्सा हैं, जो अंततः हमें एक व्यापक एकता की ओर ले जाते हैं।

बर्कले की दृष्टि :

जॉर्ज बर्कले (1685–1753) एक प्रमुख आयरिश दार्शनिक थे, जिन्हें मुख्यतः उनके "सापेक्षवाद" (Idealism) दर्शन के लिए जाना जाता है। बर्कले का मानना था कि भौतिक वस्तुओं का स्वतंत्र अस्तित्व नहीं होता, बल्कि वे केवल हमारे अनुभवों और धारणाओं में ही मौजूद होती हैं। उनके अनुसार, "अस्तित्व का अर्थ है अनुभव में आना" (To be is to be perceived) यानी किसी भी वस्तु का अस्तित्व तभी है जब कोई उसे देख या अनुभव कर रहा हो। बर्कले ने तर्क दिया कि यह संसार केवल ईश्वर की उपस्थिति से संचालित होता है, और ईश्वर ही वह शाश्वत द्रष्टा है जो हर वस्तु को लगातार अनुभव करता है।

लेबनीज का मोनाडवाद :

गॉटफ्रीड विल्हेम लेबनीज (1646–1716) एक जर्मन गणितज्ञ, दार्शनिक और बहु-प्रतिभाशाली विद्वान थे, जिन्हें "मोनाडवाद" (Monadology) के सिद्धांत के लिए जाना जाता है। लेबनीज के अनुसार, इस ब्रह्मांड का निर्माण "मोनाड्स" नामक आत्मनिर्भर, अपरिवर्तनीय और अनाकार इकाइयों से हुआ है। प्रत्येक मोनाड अपने-आप में स्वतंत्र और आत्म-संपूर्ण है, लेकिन इन सभी मोनाड्स का संगठन और तालमेल ईश्वर की "पूर्वस्थापित समरसता" (pre-established harmony) से संचालित होता है। इसके अलावा, लेबनीज ने गणित में कई महत्वपूर्ण योगदान दिए, विशेष रूप से कैलकुलस की खोज में।

तर्क का दीप
(रेने डेकार्ट का द्वैतवाद)

तर्क का दीप जलता है,
अंधेरे में एक अकेली लौ की तरह,
जो प्रश्न पूछता है
और उत्तर खोजता है
हर उस राह में,
जहां सत्य और भ्रम का संघर्ष
चलता रहता है निरंतर।

डेकार्ट के शब्दों में
यह जीवन कोई सरल सूत्र नहीं,
बल्कि एक गूढ़ पहेली है,
जहां मन और शरीर,
दो अलग धाराओं की तरह बहते हैं–
एक ठोस यथार्थ से जुड़ा,
दूसरा विचारों के विस्तृत आकाश में।

मन–
विचारों की अनंत क्रीड़ा,
स्वतंत्र, निर्बाध,
जिसके पंख असीमित हैं,
जो समय, स्थान,
और कारणों के परे उड़ता है।
यहां न कोई बंधन है,
न कोई शरीर का भार–
बस एक शुद्ध चेतना,
जो जानती है
कि "मैं सोचता हूँ, इसलिए मैं हूँ।"

और शरीर–
धरती से बंधा एक पिंड,
मांस और हड्डियों का घेरा,
जो मन के आदेशों का
पालन करता है
पर उसकी अपनी सीमाएं हैं,
वह ठहराव में जकड़ा,
गति में सीमित,
उसका सत्य भी स्थूल है,
जिसमें कोई परिकल्पना नहीं।

डेकार्ट का द्वैतवाद
इस द्वैत को देखता है,
समझता है कि मन और शरीर
साथ होकर भी अलग हैं,
दो विरोधी किनारे,
जो मिलते तो नहीं,
पर एक ही यात्रा के
सहचर हैं।

तर्क का दीप हमें दिखाता है
यह द्वैत,
हमारे भीतर की दो आवाज़ों को–
एक वह जो समझती है,
जो तर्क करती है,
हर भावना को, हर सत्य को
मापती है अपने तराजू पर,
और दूसरी वह,
जो इस शरीर की बंदिशों में,
अपनी सीमाओं को जानती है,
जो मन के पीछे,
परछाईं की तरह चलती है।

इस संघर्ष में ही है
वह प्रकाश
जो हमें सत्य का मार्ग दिखाता है।

तर्क और भावना के बीच,
मन और शरीर के बीच
यह द्वैत हमें याद दिलाता है
कि हम कोई सरल इकाई नहीं,
बल्कि एक जटिल रचना हैं,
जो विरोधी तत्वों का
संतुलन खोजती है।

डेकार्ट कहता है,
तर्क का दीप ही वह साधन है,
जो अंधकार में भी
सत्य का आभास कराता है,
जो भ्रमों की परतें हटाकर
हमारे सामने वह दर्पण रखता है
जिसमें हम खुद को देख सकें,
और जान सकें कि
मन और शरीर का यह द्वैत
हमारे अस्तित्व का सार है।

यह दीप हर रात जलता है,
हर सवाल के साथ उठता है,
और हर जवाब में
थोड़ा और स्पष्ट होता है–
ताकि हम जान सकें
अपनी सोच की गहराई को,
अपने शरीर की सीमा को,
और इस द्वैत में छिपी
अपनी असली पहचान को।

यहीं है वह द्वैत,
जिसमें हम जीते हैं,
तर्क और आत्मा के बीच
झूलते हुए,
हर क्षण में,
हर सोच में,
हर स्पर्श में।

डेकार्ट का दीप हमें
सिखाता है
कि यह संघर्ष ही
हमारे होने की पहचान है,
यह द्वैत ही हमारा सत्य है,
हमारा अपना तर्क,
हमारा अपना दीप।

स्वतंत्रता का स्वप्न

(रूसो, लॉक, ह्यूम का दर्शन)

स्वतंत्रता का स्वप्न
जन्म लेता है चेतना की धरती पर,
जहां विचारों की नींव में
किसी अदृश्य अनुबंध का बोझ नहीं,
बस एक खुला आकाश है,
हर आत्मा की स्वीकृति,
अपनी राह चुनने की आजादी।

रूसो की आवाज़ में गूंजता है
प्रकृति का गान,
जहां मनुष्य एक बीज है
मुक्ति के वृक्ष का–
बढ़ता है भीतर की ओर,
समाज की बंदिशों को छोड़
उस आदिम सच्चाई की ओर लौटता है,
जो हर आत्मा का जन्मसिद्ध अधिकार है।

लॉक कहता है,
हर इंसान के भीतर है
एक अनकहा संविदा,
स्वीकृति का वह मौन नियम,
जिसके बिना
न तो शांति का घर बनता है,
न न्याय का प्रकाश फैलता है।
स्वतंत्रता का यह स्वप्न
बसता है हर व्यक्ति की सोच में,
जहां वह अपने विचारों का
अधिपति होता है।

और ह्यूम–
वह कहता है कि स्वतंत्रता
है एक भ्रम,
मन की परछाइयों में बसी
एक आकांक्षा,
जो इच्छा और चेतना के बीच
कभी घुलती है, कभी बिखरती है।

वह तर्क करता है,
कि शायद स्वतंत्रता
सिर्फ एक भाव है
संवेदनाओं की रचना,
न कि कोई ठोस सत्य।

इन तीनों के शब्द,
समय के विस्तार में
स्वतंत्रता का रूप गढ़ते हैं,
जहां विचारों का संघर्ष है,
संवेदनाओं का विस्तार है,
और मनुष्य के भीतर
स्वतंत्रता का स्वप्न,
हर युग, हर युगांत में
जीवित रहकर भी,
एक अनंत प्रश्न बन जाता है।

नैतिकता का प्रश्न
(कांट का कर्तव्य दर्शन)

नैतिकता का प्रश्न
जैसे अनकही प्रतिज्ञा हो,
जैसे हर हृदय में उभरता हुआ
एक मौन नियम,
जो आंखों से नहीं दिखता,
पर हर विचार में,
हर कर्म में,
जैसे बसा हो सत्य का स्पर्श।

कांट कहता है,
कर्तव्य है वह पथ
जो स्वेच्छा से चुना जाता है,
कोई सुख का लोभ नहीं,
कोई भय की छाया नहीं,
बस एक आदर्श,
स्वयं से बंधा,
जैसे जीवन का ध्रुव तारा
दूर आकाश में चमकता है।

कर्तव्य की इस राह पर
न कोई चाह है,
न कोई प्रतिस्पर्धा,
बस एक सच्चाई है–
जो भीतर गूंजती है,
जो प्रेरित करती है,
और कहती है कि
मनुष्य के हर कर्म में

हो एक सार्वभौमिक नियम का भाव,
कि हर निर्णय में
झलके संपूर्ण मानवता का कल्याण।

नैतिकता वह दीप है
जो मन के अंधेरों को चीरता है,
और दिखाता है एक शाश्वत सत्य,
कि जीवन की सार्थकता
न स्वार्थ में है, न लाभ में,
बल्कि उस कर्तव्य में है
जो बिना किसी अपेक्षा के,
हर आत्मा में गूंजता है।

यह प्रश्न है उस नियम का
जो खुद पर लागू होता है,
हर बार एक कसौटी बनकर–
कहीं किसी को नुकसान न पहुँचे,
कहीं कोई पीड़ा न फैले,
हर व्यक्ति के दिल में हो
कर्तव्य का वह अडिग स्वर,
जिसे कांट ने कहा
  "सर्वोच्च नियम" –
कि मनुष्य हर परिस्थिति में
स्वयं को मान ले एक मार्गदर्शक,
एक आदर्श, एक प्रतिबिंब,
और चल पड़े उस राह पर
जो नैतिकता का प्रकाश है।

नैतिकता का यह प्रश्न
बस एक उत्तर की तलाश है–
स्वयं से किए गए उस वादे का
जो हर मनुष्य को
अपने कर्मों के कटघरे में खड़ा करता है,

और पूछता है:
क्या यह कर्म,
यह निर्णय,
सभी के लिए एक आदर्श बन सकता है?
क्या यह मेरा निजी नहीं,
सर्वजन का कर्तव्य बन सकता है?

इस प्रकार, नैतिकता का प्रश्न
हर चेतना में गूंजता है,
जैसे किसी गहरे सागर में
लहरों का स्वर,
जो कभी शांत नहीं होता,
बस बढ़ता है, उभरता है,
और हमें हमारी मानवता की
असली परिभाषा का बोध कराता है।

प्रेम और दर्द
(स्पिनोज़ा की एकता)

प्रेम और दर्द–
दो ध्रुव नहीं,
बल्कि एक ही नदी की धाराएं,
जो मिलती हैं
हर आत्मा के सागर में,
जहां न कोई विभाजन है,
न कोई विरोध।
स्पिनोज़ा के शब्दों में
यह सारा ब्रह्मांड,
एक ही सत्ता का विस्तार है,
हर भावना, हर विचार,
एक ही स्रोत से उठता,
फिर उसमें विलीन होता।

प्रेम,
कोई चाहत नहीं,
कोई परिभाषा नहीं,
यह उस अखंडता का आभास है
जो हमें जोड़ता है
हर जीव, हर कण से–
जैसे प्रकाश की एक किरण
सूरज का अंश होती है,
वैसे ही हमारा प्रेम
उस अनंत की प्रतिच्छाया है।

प्रेम में बसी है वह शक्ति
जो हमारे भीतर छिपे

सर्वजन का अंश उजागर करती है,
हमें बांधती है,
फिर भी मुक्त करती है।

और दर्द?
दर्द प्रेम का ही
एक नया स्वरूप है,
जो हमें भीतर से तोड़कर
फिर से संपूर्ण करता है,
जो हमें अहसास कराता है
कि हम अलग नहीं,
हमारी हर पीड़ा,
हर आंसू,
बस एक कड़ी है
उस अनंत श्रृंखला की,
जिसमें सब कुछ समाहित है।

स्पिनोज़ा कहता है,
यह जगत कोई द्वैत नहीं,
प्रेम और दर्द का संघर्ष नहीं,
बल्कि एक समग्रता है,
जिसमें सब कुछ एक है,
जुड़ा है उस सत्ता से
जिसे कोई नाम नहीं दिया जा सकता।

दर्द में वही अनुभूति है
जो प्रेम में है,
बस वह भावनाओं के
सागर में भिन्न रंग बनकर उभरता है,
जहां लहरों की भिन्नता है,
पर सागर का पानी एक।

प्रेम में जब हम घुलते हैं,

तो यह पहचान करते हैं
कि यह अस्तित्व, यह जीवन
हमारा नहीं,
बल्कि उस अखंडता का अंश है
जो हर चीज़ में बहती है।

दर्द जब हमें छूता है,
तो हमें याद दिलाता है
कि यह शरीर, यह मस्तिष्क
अस्थायी हैं–
हमारे अनुभवों का विस्तार
उस अनंत का ही एक हिस्सा है।

प्रेम और दर्द का यह संगम
हमें उस सत्य के पास ले जाता है
जहां सभी विरोध, सभी सीमाएं
धुंधले हो जाते हैं,
जहां हम न केवल महसूस करते हैं
बल्कि जीते हैं
स्पिनोज़ा की उस एकता को,
जहां प्रेम और दर्द
एक ही प्रवाह में बहते हैं,
जैसे नदी के दोनों किनारे
मिल जाते हैं समुद्र की बाहों में,
और सब कुछ समाहित हो जाता है
उस अखंड अनंत में,
जहां सिर्फ शांति है,
सिर्फ एकता है,
सिर्फ प्रेम है।

दुःख का दर्शन
(शोपेनहोवर की अनुभूति)

दुःख का संसार,
एक अनवरत धारा,
जो हर आत्मा के भीतर
छिपी रहती है–
एक ऐसी लहर
जो ऊपर से शांत है
पर भीतर ही भीतर
अनगिनत पीड़ाओं को
अपने साथ बहाती है।

शोपेनहोवर कहता है,
दुःख कोई दुर्लभ अतिथि नहीं,
यह है जीवन का मूल तत्व,
हमारे अस्तित्व का आधार,
जैसे रेत के बीच उगता
कोई अकेला कैक्टरा,
जैसे आकाश में घिरे
अनगिनत बादलों का बोझ।

यह संसार,
इच्छाओं से घिरा एक जाल है,
जहां हर आकांक्षा
अपने पीछे छोड़ जाती है
एक नई प्यास,
एक नई अधूरी तलाश।

हम दौड़ते हैं
सुख की चाह में,

पर हर इच्छा का अंत
एक नए दुःख में होता है,
एक न खत्म होने वाली
प्यास में बदल जाता है।

इच्छा–
जो हमें बांधती है
एक अदृश्य श्रृंखला में,
जिसे तोड़ना असंभव नहीं,
पर कठिन है,
क्योंकि यह हमारी चेतना का
हिस्सा बन गई है।

हम स्वयं को
अधूरे ख्वाबों से जोड़ते हैं,
और हर सुबह
एक नए दुःख को
गले लगाते हैं,
एक नए अधूरेपन का सामना करते हैं।

शोपेनहोवर का दर्शन
हमें दिखाता है वह आईना,
जहां हम अपनी असली सूरत
पहचानते हैं–
एक निरंतर संघर्ष
जो हर आत्मा में बसता है,
जहां शांति की तलाश
बस एक भ्रम है,
एक मायाजाल है,
जिसे हम थामे रखते हैं
जब तक सांसें थम नहीं जातीं।

और फिर भी,

इस दुःख में भी
छिपा है एक अद्भुत सौंदर्य,
एक ऐसा सत्य
जो हमें अहसास कराता है
कि जीवन का असली रूप
हमारी इच्छाओं से परे है,
हमारे अपने मन से परे है।

दुःख में ही है वह गहराई
जहां आत्मा के स्वरूप की
सच्चाई छिपी है,
जहां हमें समझ आती है
जीवन की सीमाएं,
हमारी सीमाएं।

शायद दुःख ही
वह मार्ग है
जिस पर चलकर
हम अपनी आत्मा का
साक्षात्कार करते हैं,
जहां हम यह जान पाते हैं
कि संसार का हर अंश
अस्थायी है,
हर सुख, हर आह्लाद
एक छाया मात्र है
जो गुज़र जाता है
ठंडी हवा की तरह,
और पीछे छोड़ जाता है
एक अदृश्य शून्य।

दुःख का यह दर्शन,
शोपेनहोवर की अनुभूति में,
हमें सिखाता है

स्वीकार करना,
उसे अपनाना
जो स्थायी है,
जो हमें हमारी सीमाओं का
अर्थ समझाता है।

क्योंकि इसी में छिपा है
हमारे अस्तित्व का सार,
हमारी असली पहचान,
जो दुःख के सागर में
संतोष का मोती ढूंढने की
क्षमता रखती है।

इसलिए, यह दुःख ही
हमारा साथी है,
हमारा पथ प्रदर्शक है–
हमारे भीतर के मौन को,
उस शांति को,
जिसे हम खोजते हैं,
पर जो हमारे दुःख के
हर स्पर्श में,
हर अनुभूति में,
पहले से ही उपस्थित है।

कल्पना और यथार्थ
(हेगल का दर्शन)

कल्पना और यथार्थ–
जैसे दो धुंधले चेहरे,
जो एक-दूसरे में घुलते हैं,
फिर दूर हो जाते हैं,
जैसे एक अनकही यात्रा
जो आरंभ से अंत तक
साथ चलती है,
लेकिन कभी पूरी नहीं होती।

हेगल कहता है,
यह द्वैत भी एक खेल है,
मनुष्य के भीतर
चलने वाली उस शक्ति का,
जो हर कल्पना को
एक यथार्थ में ढालने की कोशिश में,
खुद के अस्तित्व का रहस्य
सुलझाने में लगी है।

कल्पना वह शक्ति है
जो हमें नई संभावनाओं से भरती है,
जो सीमाओं को तोड़कर
आकाश में उड़ान भरती है,
जो पंख देती है
हर उस विचार को
जो यथार्थ से परे,
अज्ञात में छिपा हुआ है।

यह एक जादू है,
एक आह्वान है

उन संभावनाओं का
जो कभी देखी नहीं गईं,
पर जिन्हें महसूस किया गया है
हर सोच में, हर स्वप्न में।

और यथार्थ?
वह कठोर धरातल,
जो हमें वापस खींच लाता है,
जो हमें बताता है
कि हर उड़ान के बाद
हमें लौटना है
अपने पैरों पर,
अपने होने की ज़मीन पर।

यहां सब कुछ ठोस है,
समझ में आने वाला,
पर सीमित–
एक ऐसी सीमा
जो कल्पना की धाराओं को
वश में रखना चाहता है।

हेगल के दर्शन में,
कल्पना और यथार्थ
विरोधी नहीं,
बल्कि एक ही प्रवाह के
दो किनारे हैं,
जहां एक को पाने के लिए
दूसरे को समझना जरूरी है।

कल्पना बिना यथार्थ
सपनों की भांति है,
बिना किसी आकार के,
और यथार्थ बिना कल्पना

सिर्फ एक यंत्र,
जो चलता तो है
पर उसकी कोई दिशा नहीं।

इस द्वैत के बीच,
हम खुद को पाते हैं–
एक अधूरा स्वरूप,
जो कभी कल्पना में खोता है,
तो कभी यथार्थ से बंध जाता है।

हमारे हर विचार में,
हर निर्णय में,
यह द्वैत खेलता है
एक सजीव नृत्य की तरह,
जहां कल्पना बढ़ाती है हमारी सीमाएं,
और यथार्थ खींच लाता है हमें
वापस हमारी जगह पर।

हेगल के अनुसार,
यह विरोधाभास ही है
विकास का पथ,
संघर्ष का परिणाम नहीं,
बल्कि एक अंतर्निहित एकता
जो हर विचार को परिपक्व बनाती है।

कल्पना यथार्थ से टकराती है
और एक नया सत्य जन्म लेता है,
जो पुरानी सीमाओं को तोड़ता है,
और हमें एक नई समझ में
ले जाता है।

इसलिए, कल्पना और यथार्थ
कोई अलग द्वार नहीं,
बल्कि एक ऐसा दरवाज़ा है
जिसे पार करने पर

हम पाते हैं
अपने ही अस्तित्व की गहराई को,
जहां हर नया अनुभव
एक नई कल्पना को जन्म देता है,
हर नई कल्पना
एक नए यथार्थ को बुलाती है।

यह क्रम चलता रहता है
अनवरत, अनंत,
एक संगीतमय प्रवाह की तरह,
जिसमें बसी है
जीवन की परिपूर्णता,
एक संपूर्णता
जो हर कल्पना और यथार्थ को
समाहित करती है
उस अखंड सत्य में
जो हेगल के दर्शन का सार है।

इस द्वैत में ही
हम पाते हैं
अपनी यात्रा का अर्थ,
अपनी आत्मा का वह स्वर
जो कभी कल्पना में उड़ता है,
तो कभी यथार्थ की जमीं पर
अपने पदचिह्न छोड़ता है।

यहीं है जीवन की पूरी कथा,
जिसमें हर स्वप्न और हर सत्य
मिलते हैं,
एक अद्भुत एकता में
जो अनंत की ओर
हमारे कदमों को बढ़ाती है।

ज्ञान और अनिश्चितता
(बर्कले की दृष्टि)

इस दृष्टि से, एक प्रश्न उठता है–
क्या है यह संसार, यह दृश्य,
जो आँखों के आगे फैला है,
पर छूने से, जानने से परे है?

बर्कले के शब्दों में–
हम जो देख रहे हैं, वह क्या है?
सघनता की यह अनुभूति,
क्या केवल मन का भ्रम है?

कहते हैं, अस्तित्व की नींव है ज्ञान,
परंतु यह ज्ञान भी तो अनुभव में है कैद,
एक क्षणिक दृष्टि का विस्तार,
जो हर पल बदलता, घटता, बढ़ता है।

हमारे चारों ओर है–
रंग, रूप, आकार का खेल,
पर है क्या वह वाकई में ठोस,
या मात्र एक परछाई का जाल?

बर्कले के लिए, वास्तविकता है केवल
विचार का प्रतिबिंब,
जहाँ वस्तु नहीं, केवल उसका बोध है,
एक चेतना की झलक मात्र।

कोई स्थायित्व नहीं, कोई ठोस आधार नहीं,
केवल अनुभूति की सतह पर तैरता,
ज्ञान का एक पुलिंदा,

जो हम मान लेते हैं सच है।

वह कहते हैं–
यह जगत केवल तब तक है,
जब तक देखता है उसे कोई दृष्टा,
अन्यथा, यह केवल शून्य में विलीन है।

यहाँ अनिश्चितता का खेल है गहन,
जहाँ हर ज्ञान के साथ उठता है संशय,
क्या यह दृश्य यथार्थ है,
या केवल बोध का आवरण?

हम पकड़ना चाहते हैं सत्य को,
मस्तिष्क की गिरफ़्त में भरना चाहते हैं उसको,
पर हर बार वह एक मरीचिका बनकर,
हाथों से फिसलता जाता है।

इस अनिश्चितता में है एक गूंज–
एक मौन प्रश्न, जो उत्तर की खोज में है,
पर उत्तर खुद एक प्रश्न की तरह,
हर बार बदलता, नए अर्थ में ढलता।

बर्कले के अनुसार,
हम जो मानते हैं ज्ञान,
वह मात्र एक साक्षात्कार है,
जो विचारों की सतह पर तैरता है।

ज्ञान और अनिश्चितता का यह खेल,
जहाँ सत्य का कोई ठोस आकार नहीं,
हर अनुभूति एक परावर्तन मात्र है,
एक विचार, जो स्थायित्व की चाह में चंचल है।

क्या यह माया है, एक भ्रम,

जो चेतना को घेरे हुए है,
या केवल एक परत है,
जिसके पार नहीं जा पाती हमारी दृष्टि?

यह द्वंद्व, यह संघर्ष,
ज्ञान की खोज में अनवरत यात्रा,
जहाँ हर क्षण का अनुभव
अपना अर्थ स्वयं में लिए चलता है।

इस कविता में बस यही रहस्य,
बर्कले की दृष्टि में समेटे हुए–
ज्ञान का अनिश्चित विस्तार,
जो कभी थमता नहीं, कभी ठहरता नहीं।

संसार, केवल एक दृष्टि में है,
हर अनुभूति एक संसार है,
जो समाप्त होता है,
जैसे ही बंद होती हैं आँखें।

बर्कले का यह दर्शन,
हमसे कहता है–
ज्ञान है, परंतु अनिश्चितता भी है,
सत्य है, परंतु एक छाया की तरह,
जो हमसे पास होते हुए भी,
सदा दूर ही रहता है।

व्यवस्थित विश्व
(लेबनीज का मोनाडवाद)

एक ब्रह्मांड, मौन अदृश्य सूत्रों से जुड़ा,
जहाँ हर मोनाड में बसी है एक संपूर्ण कथा।
न कोई जड़, न कोई बिखराव,
एक आत्मपूर्ण परमाणु की कथा का प्रवाह।

लेबनीज का ब्रह्मांड है अनगिनत मोनाडों का,
जो बिना संपर्क के,
फिर भी जुड़े हुए हैं–
एक लय, एक संगति में।

यहाँ हर इकाई स्वतंत्र, पर निर्भर भी,
अपनी दृष्टि से अनंत को समेटे,
संकल्पित और स्वयं में अखंड,
फिर भी एक संगम की ओर प्रवाहित।

हर मोनाड में एक दर्पण है,
जो प्रतिबिंबित करता है संपूर्ण सृष्टि,
मानो हर बिंदु में बसी हो अनंतता की छवि,
हर कण में समाई हो जगत की व्याख्या।

यह क्रम और व्यवस्था का खेल,
न कोई संयोग, न कोई विपथ,
सृष्टि एक संगीत है,
जिसकी ताल पर मोनाड नाचते हैं,
समानांतर दिशाओं में, फिर भी लयबद्ध।

निराकार, पर अपने-अपने रूपों में सीमित,
हर मोनाड एक ब्रह्म है,

जो अपने भीतर ब्रह्मांड का विस्तार लिए हुए,
चुपचाप अपने पथ पर गतिमान।

संबंध और संवाद के बिना,
फिर भी अंतर्मन में संवादरत,
अपनी धुरी पर अवस्थित,
एक सहज आकर्षण में,
जो किसी अदृश्य शक्ति की देन है।

वास्तविकता के इस मौन प्रवाह में,
न कोई द्वेष, न कोई भेद,
केवल संभावनाओं का अनवरत खेल,
जहाँ सब कुछ अपने केंद्र में परिपूर्ण है।

लेबनीज का मोनाडवाद,
एक दर्शन, एक दृष्टि,
जो हमें सिखाता है–
सृष्टि का हर कण,
स्वतंत्र भी है, और समग्र का अंग भी।

इस संतुलित जगत में,
हर मोनाड है एक विश्व,
एक आलोकमय ज्योति,
जो बुनती है अनंत का रूप।

सुनिश्चित, अनन्त,
अपनी सत्ता में अचल,
और उसी में गतिशील,
ब्रह्मांड का यह रहस्य,
हर पल हमसे जुड़ा है–
लेबनीज के मोनाड की परिभाषा,
व्यवस्थित विश्व का मौन संगीत।

आधुनिक युग की क्रांति

नीत्शे का सिद्धांत:

फ्रेडरिक नीत्शे का दर्शन मानव जीवन में शक्ति, इच्छा और स्वतंत्रता पर आधारित है। उन्होंने "Übermensch" (अधिमानव) और "विल टू पावर" (शक्ति की इच्छा) जैसे विचार प्रस्तुत किए। नीत्शे का मानना था कि परंपरागत नैतिकताएँ कमजोरों द्वारा बनाई गई हैं, और इंसान को अपने व्यक्तिगत मूल्यों का निर्माण करना चाहिए। उन्होंने ईश्वर की मृत्यु ("गॉड इज डेड") का विचार प्रस्तुत किया, जिससे उन्होंने संकेत किया कि आधुनिक समाज में धार्मिक विश्वास कम हो रहे हैं और हमें नए नैतिक मूल्यों की आवश्यकता है।

सार्त्र का अस्तित्ववाद:

जीन-पॉल सार्त्र का अस्तित्ववाद (Existentialism) यह कहता है कि "अस्तित्व पहले है, सार बाद में आता है"। सार्त्र के अनुसार, मनुष्य का कोई पूर्व निर्धारित सार या उद्देश्य नहीं होता; हम अपने निर्णयों और कार्यों के माध्यम से अपने जीवन का अर्थ बनाते हैं। उन्होंने स्वतंत्रता, ज़िम्मेदारी, और विकल्पों के महत्व पर जोर दिया। उनके अनुसार, हर इंसान को अपनी स्वतंत्रता के साथ जीना चाहिए और अपने कार्यों की ज़िम्मेदारी लेनी चाहिए।

फ्रायड का मनोविश्लेषण:

सिग्मंड फ्रायड का मनोविश्लेषण (Psychoanalysis) मानव मन और उसकी चेतना-अवचेतना की गहरी परतों का विश्लेषण है। फ्रायड ने कहा कि मानव व्यवहार का बड़ा हिस्सा अवचेतन मन (Unconscious Mind) द्वारा संचालित होता है। उनके अनुसार, मन तीन मुख्य भागों में बंटा होता है: इड (Id - तात्कालिक इच्छाएं), ईगो (Ego - यथार्थ से जुड़ा हिस्सा), और सुपरेगो (Superego - नैतिकता)। उन्होंने मानसिक संघर्षों, सपनों, और बाल्यावस्था के अनुभवों के मानव व्यक्तित्व पर गहरे प्रभाव को समझाया।

एडम स्मिथ का पूंजीवाद:

पूंजीवाद ने औद्योगिक क्रांति के बाद प्रमुखता हासिल की और आज यह विश्व की अधिकांश अर्थव्यवस्थाओं का आधार है। इसके विकास ने सामाजिक और आर्थिक परिवर्तन को जन्म दिया है, लेकिन इसके साथ ही इसके कुछ नकारात्मक पहलू, जैसे आर्थिक असमानता और पर्यावरणीय समस्याएँ भी उत्पन्न हुई हैं।

विलियम जेम्स का प्रयोजनवाद

विलियम जेम्स (1842–1910) एक अमेरिकी दार्शनिक और मनोवैज्ञानिक थे, जिन्हें आधुनिक मनोविज्ञान का जनक माना जाता है। उन्होंने प्रयोजनवाद (Pragmatism) का विकास किया, जिसके अनुसार किसी भी विचार या सिद्धांत का सत्य उसके व्यावहारिक परिणामों से निर्धारित होता है। जेम्स के अनुसार, जीवन में सत्य स्थिर नहीं होते, बल्कि व्यक्तिगत अनुभव और प्रयोजन के आधार पर बदलते रहते हैं। उन्होंने चेतना, मनोवैज्ञानिक अनुभव, और अस्तित्व को गहराई से समझाने का प्रयास किया, जिससे उनकी रचनाएं आज भी प्रासंगिक हैं।

मार्क्स का समाजवाद:

कार्ल मार्क्स ने समाजवाद का सिद्धांत दिया, जो पूंजीवाद की आलोचना पर आधारित है। उन्होंने वर्ग संघर्ष और सामाजिक असमानता को समाज की समस्याओं का मूल कारण माना। मार्क्स के अनुसार, श्रमिक वर्ग (प्रोलिटेरियट) का शोषण पूंजीपति वर्ग (बुर्जुआ) द्वारा किया जाता है। उन्होंने एक ऐसी समाजव्यवस्था की कल्पना की जिसमें उत्पादन के साधन सामूहिक रूप से स्वामित्व में हों, और लाभ समान रूप से वितरित हो। मार्क्स के समाजवाद ने आधुनिक समाज में साम्यवाद की नींव रखी।

डार्विन का विकासवाद:

चार्ल्स डार्विन एक प्रकृतिवादी और जीवविज्ञानी थे, जिन्होंने "विकासवाद" का सिद्धांत प्रस्तुत किया। उनके अनुसार, सभी जीवों की उत्पत्ति एक सामान्य पूर्वज से हुई है, और समय के साथ पर्यावरणीय परिवर्तनों के अनुसार उनका विकास होता है। अपनी प्रसिद्ध पुस्तक "ऑन द ओरिजिन ऑफ स्पीशीज़" में उन्होंने प्राकृतिक चयन (Natural

Selection) का सिद्धांत दिया, जिसके अनुसार केवल वही जीवित रह पाते हैं जो परिवेश के अनुसार स्वयं को ढाल लेते हैं। यह विचार विज्ञान और धर्म दोनों में व्यापक बदलाव का कारण बना और आधुनिक जीवविज्ञान का आधार बना।

आइंस्टीन का सापेक्षवाद:

अल्बर्ट आइंस्टीन एक प्रसिद्ध भौतिक विज्ञानी थे, जिन्होंने सापेक्षता के सिद्धांत (Theory of Relativity) और ऊर्जा-संवहन के सिद्धांत ($E=mc^2$) को प्रस्तुत किया। उनके सिद्धांत के अनुसार, समय और स्थान स्थिर नहीं हैं, बल्कि ये गति और गुरुत्वाकर्षण के प्रभाव में बदलते हैं। उनकी खोजों ने ब्रह्मांड की हमारी समझ में क्रांतिकारी परिवर्तन किए, विशेषकर खगोलशास्त्र और क्वांटम भौतिकी में। उनकी सोच का प्रभाव न केवल विज्ञान, बल्कि दर्शन और आधुनिक तकनीक पर भी गहरा पड़ा, और उन्हें 20वीं सदी के सबसे प्रभावशाली वैज्ञानिकों में गिना जाता है।

स्टीफन हॉकिंग्स

स्टीफन हॉकिंग्स (1942–2018) एक ब्रिटिश सैद्धांतिक भौतिक विज्ञानी, ब्रह्मांड विज्ञानी और लेखक थे, जिन्हें ब्लैक होल, ब्रह्मांड की उत्पत्ति, और समय के सिद्धांतों पर उनके काम के लिए जाना जाता है। ए ब्रीफ हिस्ट्री ऑफ टाइम उनकी प्रसिद्ध पुस्तक है, जिसने जटिल ब्रह्मांडीय अवधारणाओं को आम जनता तक पहुँचाया। हॉकिंग का मानना था कि ब्रह्मांड को समझने के लिए ईश्वर की आवश्यकता नहीं है; इसके नियमों और घटनाओं को विज्ञान के माध्यम से समझा जा सकता है। उनकी सोच ने विज्ञान और धर्म के बीच के संवाद में एक नया दृष्टिकोण जोड़ा।

ख़ुदी का संघर्ष
(नीत्शे का सिद्धांत)

एक पुकार है, भीतर से उठती,
एक ज्वाला है, अंधेरों में जलती,
नीत्शे कहता है,
"तू अपनी सीमाओं से परे जा,
तू अपने भीतर के असीम को पहचान।"

वह जीवन, जो झुकता नहीं,
जो हर दर्द, हर हानि को गले लगाता है,
जो कहता है, "मैं हूँ,"
एक ऐसी आवाज़,
जो किसी की प्रतिध्वनि नहीं,
जो केवल अपनी है।

"ईश्वर मृत है," नीत्शे का उद्घोष,
पर यह मृत्यु नहीं केवल एक अंत,
यह एक नवजागरण है,
स्वयं को अपनी शक्ति में पाना,
अपने अस्तित्व को गढ़ना,
बिना किसी के संबल के।

यह संघर्ष,
अकेला, निरंतर, और असहनीय,
जहाँ हर कदम पर चुनौती है,
हर मोड़ पर अज्ञात का भय,
पर यह भय,
तुझे अपने ऊपर विजय दिलाने का अवसर है।

उसने कहा, "सर्वोच्च मनुष्य बनो,"
पर यह सर्वोच्चता बाहरी नहीं,
यह भीतर की गहराई में है,
जहाँ तेरा साहस तुझसे कहता है,
"तू सीमाओं का अतिक्रमण कर सकता है।"

यह स्वेच्छा से चुना हुआ अकेलापन,
जहाँ तेरा होना, तेरी जिम्मेदारी है,
जहाँ तेरा दुःख, तेरा उत्सव,
सिर्फ और सिर्फ तेरा है।

नीत्शे का वह ओजस्वी आदर्श,
जो कहता है, "अपनी नियति को गले लगाओ,"
उस अनिश्चितता को अपनाओ,
जो तुझे तेरा सत्य दिखाएगी,
जो तुझे तुझसे मिलाएगी।

जीवन की परतों को,
हर आभासी मुखौटे को उतारते हुए,
वह दर्शन, जो केवल विचार नहीं,
बल्कि जीने की एक आग है,
एक चेतावनी, एक प्रेरणा,
कि तू अपनी सीमा नहीं,
तू अपनी संभावना है।

अकेला पहाड़ों पर खड़ा वह व्यक्ति,
जिसकी आँखों में कोई और नहीं,
केवल खुद का प्रतिबिंब है,
जो दुनिया के विरुद्ध नहीं,
बल्कि खुद के पक्ष में है।

यह नीत्शे का आह्वान है,
हर बंधन से मुक्त होने का,
हर परिभाषा से ऊपर उठने का,
हर सत्य को स्वयं रचने का,
हर भ्रम को तोड़ने का।

यह दर्शन,
केवल शब्द नहीं,
यह वह अग्नि है,
जो खुद में जलती है,
जो खुद को ही गढ़ती है,
और जो खुद में ही समाप्त होती है।

यह तेरे भीतर का वह साहस है,
जो कहता है,
"तू ही है,
तू ही था,
और तू ही होगा।"

निजता की खोज
(सार्त्र का अस्तित्ववाद)

यह मैं हूँ, एक अदृश्य धागा,
अस्तित्व में बंधा, पर बंधनहीन,
मेरा होना, एक सवाल है,
खुद से ही, हर पल, हर साँस।

सार्त्र कहता है,
तू खुद की परछाई में जीता है,
पर यह परछाई तेरी नहीं,
यह समाज की बेड़ी है,
लिपटी हुई तुझसे, परायों के विचारों में।

इस भीड़ में, कहाँ है मेरा स्वर?
क्या मैं हूँ, जो मैं दिखता हूँ?
या यह एक मुखौटा है,
किसी और की परिभाषा में ढला,
जो मेरा नहीं,
पर मुझसे ही जुड़ा हुआ।

मुझे ढूँढना है वह मैं,
जो मुक्त है इन धारणाओं से,
स्वतंत्र है हर परिभाषा से,
जिसे कोई नाम, कोई चेहरा नहीं चाहिए,
केवल एक अनुभूति,
एक निजता की खोज।

सार्त्र का वह अस्तित्ववाद,
जो कहता है, "तू ही है अपना सृजनकर्ता,"

मैं वह हूँ, जो अपनी ही परछाई को
नए अर्थ देता है, हर क्षण में।

यह मैं हूँ,
जो अपनी स्वतंत्रता का बोझ उठाए,
इस सत्य की खोज में निकला हूँ,
जहाँ मैं और मेरी सोच
एक अनन्त आकाश में मिलते हैं।

नहीं चाहती यह आत्मा किसी का सहारा,
न किसी का निर्णायक स्पर्श,
बस यह अपने होने की पुष्टि,
खुद की नजरों में करना चाहती है।

यह निजता की खोज,
एक यात्रा है अज्ञात की ओर,
जहाँ मेरा होना, मेरे प्रश्न और उत्तर,
सिर्फ मेरे हैं, किसी और के नहीं।

क्या यह संघर्ष अंतहीन है?
क्या निजता कभी पूर्ण हो सकती है?
या यह यात्रा ही मेरा सत्य है,
जो हर बार मुझे एक नई दिशा,
एक नया मैं देती है?

यह निजता की खोज,
मेरा अपना अस्तित्व है,
एक अनोखी यात्रा,
जिसमें मैं,
केवल मैं ही हूँ।

अवचेतन की गहराई

(फ्रायड का मनोविश्लेषण)

यह गहराइयाँ,
जहाँ जागती हैं वो अधूरी इच्छाएँ,
दबी हुई, अंधेरे में पलती,
खामोश आवाजें,
जो कभी सचेतन तक नहीं पहुँच पातीं।

फ्रायड कहता है,
हर इंसान में छुपा है एक संसार,
एक अज्ञात कोना,
जहाँ सपनों का काफिला है,
जो हमें जगने नहीं देता,
जो हमें समझने नहीं देता।

यह अवचेतन,
जहाँ विचारों का द्वंद्व है,
वासनाओं का ज्वार है,
जिन्हें हमने त्यागा नहीं,
बस छुपा दिया,
स्वयं से ही।

यहाँ हैं वे यादें,
जो दर्द बनकर अंदर कहीं बस गईं,
वो लम्हे,
जो कभी समझे नहीं गए,
जिन्हें ठुकराया, दबाया,
पर वे यहाँ अमर हो गए।

अवचेतन की इस गहराई में,
कभी प्रेम, कभी भय,
कभी क्रोध, तो कभी शर्म,
सब एक साथ नृत्य करते हैं,
जिन्हें हम न देख पाते,
न छू पाते,
पर वे हमें नियंत्रित करते हैं।

फ्रायड का मनोविश्लेषण कहता है,
  "यहाँ झाँको, अपने भीतर,
जहाँ दबी हैं तुम्हारी वे आकांक्षाएँ,
जिन्हें तुम पहचानते तक नहीं।"
वह सत्य की परतें खोलता है,
हर विचार, हर भावना का मर्म टटोलता है।
यह अवचेतन,
एक भूला हुआ स्मृति-पथ है,
जहाँ हम हैं,
पर हमसे भी छिपे हुए,
जहाँ हमारे ही प्रतिबिंब
हमें अनजाने से देखते हैं।

यहाँ है वो बच्चा,
जो हर अस्वीकार में खुद को ढूँढ़ता रहा,
वो युवा,
जो ख्वाहिशों में बहकता रहा,
और वो प्रौढ़,
जो अपनी ही परछाई से डरता रहा।

इस अवचेतन के अंधेरों में,
हर रोज़ एक नया मुखौटा उभरता है,
जो हमें समझने नहीं देता,
कि हम क्या हैं, कौन हैं।

फ्रायड का यह गहरा समुद्र,
जिसमें हर लहर है एक मनोविज्ञान,
हर हलचल, एक छुपी हुई चाहत,
हर कोना, एक अनसुलझा प्रश्न।

तो क्या हम सुलझ सकते हैं?
क्या ये गहराइयाँ कभी उथली हो सकती हैं?
या यह अवचेतन,
हमारे अस्तित्व का वह हिस्सा है,
जो अनंत, अनजान और अविराम है।

यह अवचेतन की गहराई,
हमारे भीतर का वो आईना है,
जो हमें वो दिखाता है,
जिसे हम देखना नहीं चाहते,
पर जो हम हैं,
वास्तव में, केवल हम।

बाजार का नियम

(स्मिथ का पूंजीवाद)

एक बार की बात है,
जहाँ बुद्धिमता की किरणें फैली थीं,
एडम स्मिथ ने चलाई,
विचारों की एक नाव,
बाजार के विशाल महासागर में।

उन्होंने कहा,
"स्वार्थ का यह खेल,
एक अद्भुत ताना-बाना है,
जो हर हाथ में लाता है,
समृद्धि का नाता है।"
व्यक्तिगत लाभ की खोज,
सभी को एक साथ लाती है,
आर्थिक चक्र को घुमाती है,
स्रोतों का सही उपयोग कराती है।

हाथों की अदला-बदली,
विचारों का व्यापार,
बाजार का हर कोना,
पैसा और गेहनत से भरा है।
प्रतिस्पर्धा का यह महासंग्राम,
सभी के लिए अवसर लाता है,
जो मेहनत करता है,
उसकी मेहनत रंग लाती है।

लेकिन स्मिथ ने चेताया,
"कभी न भूलो,

आवश्यकता का संतुलन,
सिर्फ धन नहीं,
मानवता का भी होना चाहिए।"
समाज की नींव,
सिर्फ सिक्कों पर नहीं,
संबंधों पर आधारित है,
जहाँ एक-दूसरे की भलाई है।

बाज़ार की इस धड़कन में,
हर मानव की आवाज है,
भले ही वो किसी कोने में हो,
या बड़े महलों में।
इंसानियत का मूल्य,
धन से कहीं बड़ा है,
जो मिलकर साथ चलें,
वही सच्चा विकास है।

स्मिथ की यह सोच,
समाज के हर वर्ग को जोड़ती है,
धन के इस प्रवाह में,
कभी न भूले,
मानवता का संगम होना चाहिए।
एक लहर,
जो समृद्धि की ओर बढ़ती है,
सभी के लिए,
सभी के साथ,
जहाँ धन की चमक,
परंतु इंसानियत का प्रकाश छुपा हो।

इसलिए,
एडम स्मिथ के सिद्धांत,
आज भी जीवित हैं,
पूंजीवाद की इस धारा में,

वह सच्ची शक्ति है,
जो समाज को आगे बढ़ाती है,
जहाँ स्वतंत्रता और समृद्धि,
एक नए युग की शुरुआत करती है।

आगे बढ़ो,
इस सोच को अपनाओ,
स्वार्थ से परे,
एक ऐसी दुनिया बनाओ,
जहाँ धन और इंसानियत का मिलन हो,
सिर्फ पूंजी नहीं,
बल्कि प्रेम का भी आदान-प्रदान हो।

यह है एडम स्मिथ का सपना,
एक उज्ज्वल भविष्य की ओर,
जहाँ हर एक की आवाज,
समाज की सच्चाई बन सके।

जीवन का वास्तविक अनुभव
(विलियम जेम्स का प्रयोजनवाद)

जीवन, एक बहती नदी की तरह
जो हर मोड़ पर बदलता है अपना रंग, अपना प्रवाह।
यह स्थिर नहीं, ठहरा हुआ नहीं–
बल्कि हर क्षण अपने नए अर्थ को खोजता,
अपने नए प्रयोजन को बुनता है।

हम चलते हैं इस राह पर,
बिना किसी तय मंज़िल के,
कभी प्रश्न उठाते हुए,
तो कभी उत्तर ढूंढते हुए।
परंतु उत्तर–वे स्थायी नहीं, ठोस नहीं,
बल्कि वे स्वयं एक नित-नवीन यात्रा की दहलीज़ हैं।

जेम्स का यह प्रयोजनवाद–
सिखाता है हमें देखना उस वास्तविकता को,
जो हमारी धारणाओं से परे है,
जहाँ सत्य कोई ठोस वस्तु नहीं,
बल्कि एक परिवर्तनशील अस्तित्व है,
जो प्रत्येक अनुभव से जन्मता है,
और हर नए अनुभव में ढलता है।

यह जीवन है एक बागी,
जो नियमों की सीमा को लांघता,
अपनी परिभाषा को हर रोज़ बदलता है।
सत्य, जैसा हम जानते हैं,
वह जेम्स की दृष्टि में
एक बहुरंगी कपड़े की तरह है,
हर रंग का अपना प्रयोजन, अपना अर्थ,

परंतु सब मिलकर ही बनाते हैं उसकी पूरी तस्वीर।
हम जो जीते हैं, जो महसूस करते हैं,
वह एक प्रयोग है, एक सिद्धांत नहीं,
हर खयाल, हर भावना,
हमारे भीतर की अंधी सुरंगों में झांकती है,
और हमें हमारे अपने ही प्रश्नों से टकराती है।

प्रयोजन, यह मात्र एक शब्द नहीं,
बल्कि वह धागा है,
जिससे जीवन के इस जटिल ताने-बाने को बुना गया है।
हम इसके धागों को समझते हैं, तो कभी उलझते हैं,
पर हर उलझन से एक नया अर्थ,
एक नया सत्य उभरता है,
और हम फिर से अपने आपको खोजने लगते हैं।

जीवन का वास्तविक अनुभव–
यह न स्थिर है, न ही संपूर्ण,
यह तो बस एक सतत बहती धारा है,
जो हमें उस क्षणिक आनंद और पीड़ा से जोड़ती है,
जहाँ प्रयोजन बदलते हैं, ढलते हैं,
और हर नए मोड़ पर हमें एक नए अर्थ से मिलाते हैं।

विलियम जेम्स के इस दर्शन में,
हम पाते हैं कि
सत्य हमारे अनुभवों का वह कुल योग है
जो हर पल बदलता, नया बनता रहता है।
यह जीवन है–प्रयोजन की अनवरत खोज,
जहाँ हर अनुभव अपने अर्थ को खोजता है
और हम, उन अर्थों में अपने आप को।

समाज और सत्ता
(मार्क्स का समाजवाद)

यह कहानी है उन हाथों की,
जो मिट्टी में गढ़ते हैं सपनों के बीज,
पर फल उनके हिस्से में नहीं आते,
यह आवाज़ है उन पांवों की,
जो सड़कों को चलकर बुनते हैं,
पर मंज़िल किसी और की होती है।

मार्क्स कहता है,
तू सिर्फ एक मजदूर नहीं,
तू वह शक्ति है,
जिससे साम्राज्य बनते और गिरते हैं।
पर इस सत्ता के खेल में,
तेरी मेहनत की क़ीमत,
सिर्फ एक आंकड़ा बनकर रह जाती है।

यह समाज,
किसके लिए बना है?
क्यों सत्ता के सिंहासन पर
कुछ चंद लोग विराजमान हैं?
और बाकी सब,
उनके इशारों पर चलने को विवश।

हर ईंट में है,
एक श्रमिक की आत्मा का हिस्सा,
हर मशीन में,
उसकी हड्डियों का बोझ,
हर इमारत में,

उसके सपनों की धूल,
पर उन सपनों का हकदार कौन?

सत्ता ने किया समाज को विभाजित,
कभी धन, कभी धर्म, कभी जाति के नाम पर,
पर क्या ये दीवारें असली हैं?
या ये वो भ्रम हैं,
जो एकता को तोड़ने के लिए खड़ी की गई हैं।

मार्क्स कहता है,
"तोड़ दो इन दीवारों को,"
जागो, उस वर्ग चेतना में,
जहाँ कोई मालिक नहीं, कोई दास नहीं,
जहाँ हर व्यक्ति के हिस्से में है
समानता की धूप, बराबरी की हवा।

यह समाजवाद की पुकार है,
जो कहती है कि संपत्ति का बंटवारा
किसी एक हाथ में नहीं,
बल्कि सबके हाथों में हो,
क्योंकि समाज केवल कुछ लोगों की धरोहर नहीं,
बल्कि हर इंसान का अधिकार है।

जब तक यह समाज,
किसी की अमीरी और किसी की गरीबी में बँटा है,
तब तक यह सत्ता,
एक छलावा मात्र है,
एक ऐसा भ्रम, जो केवल एक स्वप्न में पलता है।

तो उठ, उस सुबह की ओर,
जहाँ मेहनतकशों की आवाज़
सत्ता के सिंहासन को हिला दे,
जहाँ हर हाथ में हो अपने श्रम का फल,

और हर आत्मा में हो
समानता की अनन्त ज्योति।
यह समाज और सत्ता का संघर्ष,
मार्क्स की वह विरासत है,
जो हर पीढ़ी में
एक नई क्रांति को जन्म देती है।

यह आवाज़ है उन सबकी,
जो अपने हक के लिए लड़ते हैं,
जो अपने हिस्से का आसमान पाना चाहते हैं,
यह समाजवाद का स्वप्न है,
एक नया समाज,
जो सबके लिए है,
सबके द्वारा है।

धर्म को चुनौती
(डार्विन का विकासवाद)

डार्विन खड़ा था उन सच्चाइयों के सामने,
जिन्हें अनदेखा किया था युगों से,
वह देख रहा था जीवन की कहानी,
धरती की परतों में छुपी गहराइयों में।

उसने देखा एक चित्र, एक क्रम,
हर प्राणी के रूप में एक बदलाव,
किसी देवीय हाथ का चमत्कार नहीं,
बल्कि एक संघर्ष, एक निरंतर संघर्ष।

जीवन था एक यात्रा,
प्रकृति का एक प्रयोग,
जहां हर कण, हर जीव,
सिर्फ जीने की चाह में बदलता, बढ़ता,
खोजता अपनी राह, अपने ही उसूलों से।

डार्विन ने कहा –
"यह अस्तित्व नहीं है स्थिर,
यह परिवर्तन का एक अनंत खेल है,
जहां कमजोर ढलते हैं,
और जो नहीं ढल पाते, मिट जाते हैं।"

वह था चुनौती धर्म के उस विचार को,
जो कहता था सृष्टि का निर्माता है एक परम शक्ति,
वह तो देखता था प्रकृति की शक्ति में,

जो हर जीव को बनाती है, बदलती है,
अपने ही नियमों से,
बिना किसी आदेश, बिना किसी विधाता के।
डार्विन का यह विकासवाद –
देवताओं का नहीं,
यह विज्ञान का एक उद्घोष था,
कि हम सब एक ही यात्रा के सहयात्री हैं,
हर पेड़, हर पक्षी, हर सागर का जीव,
सभी जुड़े हैं एक ही कहानी में।

उसने दी एक नयी दृष्टि,
जहां मनुष्य था विशेष नहीं,
केवल एक हिस्सा, इस असीम विस्तार का,
एक कड़ी इस शृंखला में,
जो बंधी है जीवन के मौन नियमों से।

यह यात्रा थी अनवरत,
न जन्म का कोई आरंभ, न अंत की सीमा,
केवल समय की परतों में,
जीवन की एक धारा,
जो सतत बहती जाती है,
अपने भीतर बदलती, खोजती,
अपने अस्तित्व का मर्म।

धर्म ने किया था प्रतिरोध,
उसकी धारणाएँ थीं चोटिल,
लेकिन डार्विन का सत्य था स्पष्ट,
कि जीवन के इस पथ में कोई कृपा नहीं,
सिर्फ प्रकृति का न्याय है,

जो चुनती है योग्य को, और छोड़ देती है शेष।

आज भी वह विचार गूंजता है,
हर जीव में, हर कोने में,
उसकी वाणी की गहराई में एक चेतावनी है –
कि परिवर्तन ही है एकमात्र स्थायी नियम,
कि जीवन का यह विकास ही सृष्टि का अनंत संगीत है।

डार्विन का विकासवाद है उस चुनौती की गूंज,
जो पूछता है हर धर्म से, हर विश्वास से –
कि क्या हम हैं तैयार इस सत्य को समझने के लिए,
क्या हम स्वीकार सकते हैं अपनी नगण्यता,
इस अनंत यात्रा में, जो कभी थमती नहीं।

इस परिवर्तनशील जीवन में,
डार्विन ने दिया हमें एक दर्पण,
जो दिखाता है हमें हमारी असलियत,
हमारी सीमाएँ, हमारी संभावनाएँ,
एक ऐसी दृष्टि जो हमें सिखाती है –
कि विकास ही है जीवन का सबसे बड़ा धर्म।

ब्रह्मांड की नई समझ
(आइंस्टीन का सापेक्षवाद)

आइंस्टीन की दृष्टि में ब्रह्मांड था एक रहस्यमय नृत्य,
जहां समय बहता नहीं, ठहरता भी नहीं,
यह तो मोड़ लेता है, झुकता है, अपने ही नियमों से बंधा।

वह देखता था सितारों के झुंड में एक छिपी लय,
एक शक्ति जो खींचती है, जोड़ती है,
जो हर ग्रह की गति में, हर तारे की चमक में,
एक अनकहा संवाद रचती है,
गुरुत्व का अदृश्य धागा –
जो ब्रह्मांड को समेटे हुए है एक संतुलन में।

उसने कहा – "यह समय और स्थान नहीं हैं अलग,
यह हैं एक ही कपड़े के ताने-बाने,
जिनमें बुनता है हर कण, हर तारा,
अपनी अपनी छाप, अपना अपना प्रभाव।"

वह देखता था अंतरिक्ष को एक तरल रूप में,
एक ऐसा फैलाव, जिसमें हर वस्तु है तैरती,
जहां प्रकाश झुकता है, धूमिल हो जाता है,
जहां काल के बंधन में नहीं बंधा कोई क्षण।

उसने बताया, ऊर्जा और द्रव्य हैं एक ही स्वर,
एक ही गीत के दो छोर –
वह जिसे हम कहते हैं कण, वह है तरंग भी,
हर स्पंदन में छुपा है अनंत का संकेत,
हर चमकती लहर में, हर शून्य की गहराई में।

ब्रह्मांड की यह नई तस्वीर –
न तो स्थिर, न तो सरल,
यह है एक अनवरत प्रवाह,
हर दिशा में, हर आयाम में,
जहां गति की परिभाषा बदलती है,
जहां समय का कोई ठोस रूप नहीं।

आइंस्टीन ने हमें सिखाया,
समय और दूरी नहीं हैं स्थिर,
बल्कि ये हैं लचीले, जैसे जल में बही एक रेखा,
जो हर गति के साथ बदलती है, हर दिशा में मुड़ती है,
यह ब्रह्मांड नहीं है केवल पदार्थ का खेल,
यह है ऊर्जा का एक विशाल महासागर।

उसने खोल दी एक खिड़की,
जहां से हम देख सकते हैं,
कि हम इस अनंत यात्रा का हिस्सा हैं,
हर तारे की चमक, हर ग्रह की कक्षा में,
हमारे होने का प्रमाण है छिपा कहीं।

यह सृष्टि है एक प्रश्न की तरह,
एक अधूरी खोज, एक अनंत पहेली,
जहां हर उत्तर एक नई यात्रा को खोलता है,
हर नियम एक नई दिशा में ले जाता है।

आइंस्टीन के सिद्धांत ने हमें दिया एक दृष्टिकोण,
एक ऐसा नजरिया जो समय की सीमा से परे है,
जहां हम नहीं हैं केवल समय के कैदी,
बल्कि हम भी हैं उस धारा का एक हिस्सा,

जो न जाने कब से बह रही है,
जो न जाने कब तक बहेगी।

ब्रह्मांड के इस अनंत नृत्य में,
हम भी हैं एक लय, एक तरंग,
जो इस यात्रा में बह रही है,
आइंस्टीन के दर्शन में समाई हुई,
एक अदृश्य समझ, एक अंतहीन दृष्टि।

ब्रह्मांड का विज्ञान
(स्टीफन हॉकिंग्स का दृष्टिकोण)

यह ब्रह्मांड–
अनगिनत तारों का विस्तृत जाल,
अनंत आकाश में तैरता हुआ
कहीं अंधकार की गहराइयों में खोया हुआ,
कहीं प्रकाश की किरणों से झिलमिलाता हुआ।

हॉकिंग की दृष्टि गें,
यह ब्रह्मांड एक पहेली है–
जिसके हर कण में छिपा है
समय और स्थान का अनजाना रहस्य,
हर ब्लैक होल में छुपा है
विनाश और सृजन का गूढ़ मंत्र।

वह समय के उस क्षण को समझना चाहता था
जब सब कुछ सिमटा था एक बिंदु में,
जहाँ न कोई आकार था, न ही कोई दिशा,
बस एक अपार ऊर्जा का विस्फोट,
जो बन गया हमारे अस्तित्व का आधार।

हॉकिंग ने उस बिंदु की खोज की,
जिसे बिग बैंग कहते हैं–
जहाँ से यह अनंत विस्तार आरंभ हुआ,
और हर गैलेक्सी, हर तारा, हर ग्रह
एक यात्रा पर निकल पड़ा,

जिसकी कोई अंतिम मंज़िल नहीं।

वह गणनाओं में उलझा,
ब्लैक होल की गहराइयों में झाँका,
समय के रेशों को पकड़ा,
और समझा कि समय–
यह केवल एक दिशा में बहता है,
जैसे नदी अपनी धारा में बहती है,
परंतु विज्ञान की इस नदी में
कभी-कभी समय ठहर जाता है,
कभी-कभी अपना मार्ग बदल लेता है।

ब्रह्मांड के इस विज्ञान में,
हॉकिंग ने देखा–
हमारे होने का सत्य सिर्फ ग्रहों और तारों तक सीमित नहीं,
बल्कि अणुओं और परमाणुओं में छुपा है
जो हमें बनाते हैं, हमारी हर श्वास में बसते हैं।

धर्म कहता है, ईश्वर ने इसे रचा,
पर हॉकिंग कहता है–
यह नियमों का खेल है,
भौतिकी का गणित है,
जिसने इस सृष्टि को आकार दिया,
और इन नियमों के परे कुछ भी नहीं।

ब्रह्मांड का यह विज्ञान
एक चुनौती है, एक यात्रा है,
जहाँ हर उत्तर के पीछे

एक नया प्रश्न छुपा है।
क्या हम इस अनंत को समझ सकते हैं?
क्या हम इस ब्रह्मांड के रहस्यों को खोल सकते हैं?
या यह केवल एक अनंत खोज है,
जहाँ हर सत्य एक नई दिशा दिखाता है,
हर सिद्धांत एक नई संभावना का द्वार खोलता है।

हॉकिंग ने देखा,
यह ब्रह्मांड ठहराव में नहीं है,
यह सतत गति में है, परिवर्तन में है,
जहाँ हर तारा, हर ग्रह
अपनी कक्षा में घूमता है,
जैसे कोई अनसुना संगीत बजता हो,
अनदेखी तरंगों में, अनगिनत स्वरों में।

और हम–
इस ब्रह्मांड का एक छोटा हिस्सा,
इस अनंत आकाश के रेत के कण से भी छोटे,
परंतु ज्ञान की यह प्यास,
हमें अपनी सीमाओं को परे जाने को कहती है,
इस रहस्यमयी जाल को समझने को कहती है।

हॉकिंग के अनुसार,
ईश्वर का हाथ नहीं, बल्कि भौतिक नियम
इस ब्रह्मांड को चलाते हैं।
यह नियम–जो हर कण को बाँधते हैं,
हर ग्रह को दिशा देते हैं,
और समय के साथ-साथ चलते हैं,

वह विज्ञान का सत्य हैं,
वह अस्तित्व का आधार हैं।

यह ब्रह्मांड का विज्ञान–
एक अंतहीन यात्रा,
जहाँ हर नई खोज हमें
और अधिक गहराई में ले जाती है,
जहाँ हर रहस्य हमें
हमारे अपने अस्तित्व से जोड़ता है।

हॉकिंग ने हमें सिखाया
कि ब्रह्मांड के इस विशाल विस्तार में
हम केवल यात्री हैं,
जो सत्य की तलाश में हैं,
और यह यात्रा कभी समाप्त नहीं होती,
यह सदा चलती रहती है
अनंत की ओर,
अनंत की खोज में।

पूर्वी एशियाई विचारधाराएं

ताओवाद:

ताओवाद एक चीनी दर्शन है, जिसका मूल सिद्धांत 'ताओ' है–अर्थात् जीवन का प्राकृतिक मार्ग। ताओवाद सिखाता है कि मनुष्य को प्रकृति के साथ सामंजस्य में रहना चाहिए, जीवन को प्रवाह में छोड़ देना चाहिए, और किसी कृत्रिम प्रयास या नियंत्रण के बिना, प्रकृति के मार्ग का अनुसरण करना चाहिए। यह संतुलन, सरलता, और मौन की सराहना करता है। इसके अनुसार, जीवन का सार खुद को 'ताओ' के साथ जोड़ने में है, जहाँ हर व्यक्ति अस्तित्व की मूलभूत ऊर्जा से प्रवाहित होता। है।

कन्फ्यूसियसवाद:

कन्फ्यूसियसवाद चीन का एक प्रमुख नैतिक और दार्शनिक तंत्र है, जो आचार, नैतिकता, और समाज में सामंजस्य पर बल देता है। कन्फ्यूसियस के सिद्धांतों के अनुसार, समाज की स्थिरता और प्रगति के लिए परिवार, आदर, ईमानदारी, और अनुशासन आवश्यक हैं। वह यह भी सिखाते हैं कि हर व्यक्ति का अपने कर्तव्यों और रिश्तों में ईमानदार होना अनिवार्य है, और समाज में सद्भाव लाने के लिए हर स्तर पर सद्गुणों का पालन करना चाहिए। कन्फ्यूसियसवाद व्यक्तिगत और सामाजिक कर्तव्यों पर जोर देते हुए नैतिकता की एक सशक्त विरासत को दर्शाता है।

झेन बौद्धवाद:

झेन बौद्धवाद, या ज़ेन बौद्धधर्म, मुख्यतः जापान में पनपा एक बौद्ध परंपरा है जो ध्यान और वर्तमान में जीने पर केंद्रित है। इसके अनुसार, सच्ची शांति और ज्ञान प्राप्ति बाहरी दुनिया में नहीं, बल्कि आत्मचिंतन और ध्यान के माध्यम से अपने भीतर है। झेन साधना मौन और संतुलन के माध्यम से आत्मबोध की ओर ले जाती है। यह दर्शन कर्मों और विचारों की शुद्धता पर बल देते हुए, सांसारिक और मानसिक शोर से मुक्त होकर जीवन जीने की प्रेरणा देता है।

शिंटो दर्शन:

शिंटो, जापान का पारंपरिक धर्म, प्रकृति, आत्माओं (कामि), और पूर्वजों की पूजा पर आधारित है। यह दर्शन हर जीव और वस्तु में एक दिव्य तत्व की उपस्थिति को मानता है, और प्रकृति की पवित्रता को सर्वोच्च मानता है। शिंटो दर्शन में मंदिर, पर्व, और अनुष्ठानों के माध्यम से प्रकृति के रहस्यमय और अदृश्य बलों के प्रति सम्मान प्रकट किया जाता है। इसका उद्देश्य आत्मा को शुद्ध करना और पृथ्वी, जल, वायु के साथ एक अटूट संबंध बनाए रखना है।

इस्लामिक सूफी दर्शन:

सूफी दर्शन, इस्लामी रहस्यवाद का रूप है, जो प्रेम, त्याग, और ईश्वर के प्रति सम्पूर्ण समर्पण पर आधारित है। सूफी संतों के अनुसार, ईश्वर को केवल तर्क से नहीं, बल्कि प्रेम और मौन के माध्यम से समझा जा सकता है। सूफी साधना में ध्यान, भक्ति, और आध्यात्मिक अभ्यासों का विशेष महत्व है, जो आत्मा को परमात्मा से जोड़ते हैं। यह दर्शन प्रेम को आत्मा की पूर्णता के रूप में देखता है और मौन को उस अनंत के निकट पहुँचने का साधन मानता है, जहाँ व्यक्ति अपने अस्तित्व को मिटाकर, ईश्वर की अद्वितीयता का अनुभव करता है।

प्रकृति के साथ प्रवाह
(ताओवाद)

यह जल का प्रवाह,
नदी का मौन पथ,
जिसे न कोई गति बाँध पाती,
न कोई तट रोक पाता।
ताओ कहता है,
"बस बहो,
जैसे बहता है जल,
जैसे उड़ती है हवा,
जैसे खिलता है फूल,
बिना किसी प्रयास के।"

जीवन का मार्ग है यह,
कहीं कोई संघर्ष नहीं,
कहीं कोई युद्ध नहीं,
केवल एक सहजता,
केवल एक स्वीकृति।

वह कहता है,
संतुलन में रहो,
जैसे आकाश गें तारे हैं,
जैसे धरती पर पेड़ हैं,
जैसे दिन के पीछे रात आती है,
और फिर उगता है नया सूरज।

यह ताओ का मार्ग है,
बिना आवाज़ का संगीत,
बिना प्रयास का विस्तार,

जहाँ हम खुद को खोते नहीं,
बल्कि खुद को पाते हैं,
एक अंतहीन प्रवाह में।

ताओ की राह पर चलने वाले,
साधक नहीं होते,
वे केवल हैं,
जैसे सुबह की ठंडी बयार,
जैसे रात का गहरा सन्नाटा।

कोई दिखावा नहीं,
कोई बाहरी आडम्बर नहीं,
बस मौन का साम्राज्य है,
जहाँ आत्मा और प्रकृति एक हो जाते हैं।

यहाँ हर चीज़ का स्थान है,
हर तत्व का सम्मान है,
हर भाव, हर स्पंदन का सम्मान।
यहाँ कुछ भी व्यर्थ नहीं,
यहाँ हर चीज़ का अर्थ है।

ताओ की राह,
वह राह नहीं जो आंखों से देखी जा सके,
वह मार्ग नहीं जो पगों से तय किया जा सके,
यह वह अज्ञात है,
जो केवल अनुभूति में है,
जो केवल महसूस किया जा सकता है।

हमारे भीतर का वह मौन,
जो हर उथल-पुथल में भी शांत है,
हर बवंडर में स्थिर है,
जो कहता है, "मैं हूँ,"
और उसी में सब कुछ समाहित है।

ताओवाद की यह शिक्षा,
हमें स्वयं को प्रकृति में विलीन करना सिखाती है,
हर बंधन से मुक्त,
हर आग्रह से परे,
जहाँ बस जीवन है,
और जीवन का अनंत प्रवाह।

जैसे पेड़ की जड़ें
मिट्टी में गहराई तक फैली होती हैं,
वैसे ही हम इस अस्तित्व से जुड़े हैं,
जहाँ हर लहर, हर हवा का झोंका
हमारे भीतर का हिस्सा है।

यह ताओ की गहराई है,
जहाँ जीवन और मृत्यु का भेद मिट जाता है,
जहाँ बस प्रवाह है,
न कोई दिशा, न कोई मंज़िल।

बस चलो,
जैसे नदी अपनी राह ढूंढती है,
जैसे हवा अपने मार्ग बनाती है,
क्योंकि यही ताओ है,
यही प्रकृति का शाश्वत प्रवाह है।

विचारों की विरासत

(कन्फ्यूसियसवाद)

विचारों की यह धारा,
संस्कारों की बुनियाद,
जहाँ शब्द नहीं, कर्म बोलते हैं,
जहाँ आदर का स्पर्श हर रिश्ते को छूता है।

कन्फ्यूसियस कहता है,
  "पहले स्वयं को गढ़ो,
फिर संसार को सँवारो।
जो तुम्हारा कर्तव्य है,
वही तुम्हारा धर्म है,
वही तुम्हारी पहचान।"

यह ज्ञान की दीपमाला है,
संयम की वह रीति है,
जो हर संबंध को मर्यादा में बांधती है,
हर व्यक्ति को अपने स्थान पर खड़ा करती है।

पुत्र का पिता से संबंध,
शिष्य का गुरु से नाता,
हर रिश्ता मान का प्रतीक है,
हर भूमिका का एक अर्थ है,
और उसमें जीवन का संतुलन है।

कन्फ्यूसियस की वाणी में,
नैतिकता की वह गहराई है,
जो भीतर तक उतर जाती है,
जिसमें समाज का भविष्य गढ़ा जाता है,
जो हर पीढ़ी को एक आधार देती है।

वह कहता है,
 "शासन का मूल, आत्मशासन है।
यदि तुम खुद पर अधिकार रखो,
तो तुम्हारा नेतृत्व स्वयं बोलेगा।"

यह एक विरासत है,
जो सदियों से बहती आ रही है,
जैसे नदी अपने जल को आगे बढ़ाती है,
वैसे ही यह विचार,
एक जीवन से दूसरे जीवन में प्रवाहित होते हैं।

कन्फ्यूसियस की यह राह,
अनुशासन का वह स्वरूप है,
जो हर इंसान को उसके कर्तव्य से जोड़ता है,
हर मनुष्य को समाज के प्रति उत्तरदायी बनाता है।

यह वह रेशमी धागा है,
जो मनुष्य के मन को सौम्यता से बांधता है,
जो उसे अहंकार से मुक्त करता है,
जो उसे सिखाता है कि सेवा ही सम्मान है,
और आदर ही उसका कर्तव्य।

सच की यह गूंज,
कभी खत्म नहीं होती,
यह अनवरत है,
जैसे प्राचीन वृक्षों की छाया,
जो पीढ़ी दर पीढ़ी फलती-फूलती है।

विचारों की यह विरासत,
कोई किताब में बंद ज्ञान नहीं,
यह जीवन का हर पल है,
हर निर्णय, हर कर्म,
जो समाज को एकजुट करता है।

कन्फ्यूसियस का यह संदेश,
सिर्फ शब्द नहीं,
यह एक जीवन दृष्टि है,
एक प्रेम, एक दया,
एक आदर का वृक्ष है,
जो सभी को एक छत्र में समेटता है।

यह वह विनम्रता है,
जो ताकत को पिघलाती है,
वह मर्यादा है,
जो हमें मनुष्य बनाती है,
जो हर विचार को सम्मान देती है।

इस विरासत का बोझ नहीं,
यह एक उपहार है,
जो हर आत्मा में बसता है,
जो हर हृदय में जगता है।

यह कन्फ्यूसियस की विरासत है,
विचारों की वह गूँज,
जो समय के साथ नहीं बदलती,
बल्कि हर युग में नई स्फूर्ति से लौटती है,
हर जीवन को सम्मान और प्रेम के सूत्र में पिरोती है।

शांति का दूत
(झेन बौद्धवाद)

यह मौन का संगीत,
जिसमें हर लहर की धुन है,
जहाँ मन की आवाज़ें थम जाती हैं,
और केवल मौन की गहराई सुनाई देती है।

झेन का यह मार्ग,
ध्यान की शांति में लिपटा,
एक साधक की साधना,
सिर्फ बाहर नहीं,
भीतर के ब्रह्मांड में।

सिर्फ सोचने का नहीं,
करने का है यह,
जीने का तरीका,
एक श्वास में समाहित।

यहाँ हर एक पल,
हर एक क्षण की महत्ता है,
जैसे सुबह की पहली किरण,
जो अंधेरे को छूती है,
जैसे फूलों की खुशबू
जो मन को महकाती है।

झेन में सिखाया जाता है,
जीवन को साधारणता में जीना,
जैसे पानी का बहाव,
जो बिना किसी बाधा के,

अपनी राह खुद बनाता है।
न कोई लक्ष्य, न कोई बाधा,
सिर्फ वर्तमान में जीने की कला,
यह एक यात्रा है,
जिसमें खुद को खोजना है,
हर कदम पर, हर श्वास में।

ध्यान में बैठो,
सांस की लय पर ध्यान दो,
हर विचार को छोड़ दो,
जैसे बादल आसमान से चले जाते हैं।

यह वह स्थान है,
जहाँ शांति का साम्राज्य है,
जहाँ हर आंतरिक संघर्ष,
शांत हो जाता है,
जैसे समुद्र की लहरें,
किनारे पर आकर थम जाती हैं।

झेन का यह संदेश,
हर आत्मा के लिए है,
जो बाहरी दुनिया की हलचल से
अलग,
भीतर के शांति के स्त्रोत को जगाता है।

यहाँ कोई दिखावा नहीं,
कोई प्रतिस्पर्धा नहीं,
बस एक साधना है,
जिसमें प्रेम और शांति का समावेश है।

जीवन का यह प्रवाह,
जो क्षणिक है,
हर पल में असीमितता का अनुभव देता है,

जैसे चाँद की रौशनी,
जो रात को गहराई में फैल जाती है।

यहाँ हर व्यक्ति,
एक शांति का दूत है,
जो अपने भीतर की गहराई को जानता है,
जो अपने अस्तित्व के साथ सामंजस्य में है,
जैसे पत्ते हवा में लहराते हैं,
बिना किसी चिंता के।

झेन का यह संदेश,
एक साधारण और गहरे अर्थ का,
जीने का तरीका है,
सभी के लिए,
जो चाहें शांति की तलाश में,
अपनी आत्मा की गहराई में उतरना।

यह यात्रा समाप्त नहीं होती,
यह एक सदा चलने वाला प्रवाह है,
जिसमें हर कदम पर,
हर पल में,
शांति की नई परतें खुलती हैं,
और हमें,
शांति का सच्चा दूत बनाती हैं।

रहस्य का रस
(शिंटो दर्शन)

यहां एक वृक्ष की छाया,
जिसमें अनकही कहानियाँ हैं,
जड़ों में समाहित,
सदियों का अनुभव।
जैसे पत्ते हवा में लहराते हैं,
वैसे ही यह जीवन के रहस्य को छूते हैं।

शिंटो का मार्ग,
प्रकृति की पूजा में लिपटा,
धूप और बारिश का नृत्य,
जिसमें हर बूंद का अपना संगीत है।
हर कण, हर तत्व,
देवता की उपासना में रत।

यह वह ध्वनि है,
जो चिड़ियों की चहचहाट में बसी है,
जहाँ हर पत्ता,
धरती की धड़कन सुनाता है।
शांति की वह सजीव तस्वीर,
जो मन को गहराई तक छू लेती है।

वृत्त की यात्रा,
अविरत, निरंतर,
जीवन और मृत्यु के बीच,
एक गोलाकार अनुष्ठान,
जहाँ हर चीज़ का एक अर्थ है।

शिंटो की यह परंपरा,
संवेदनाओं का एक पुल है,
जो हमें जोड़ती है,
प्रकृति के हर तत्व से,
हर जीव, हर निर्जीव से।
यहाँ आस्था का ताना-बाना है,
जो हमें बनाता है एक।

यहाँ रहस्य का रस,
धरती की गहराई में छिपा है,
जैसे समुद्र की लहरों में,
अनंत गहराइयाँ हैं।
हर चट्टान, हर नदी,
एक कहानी सुनाती है,
जो सदियों से अनकही है।

शिंटो के इस दर्शन में,
कोई भेदभाव नहीं,
हर एक व्यक्ति,
एक समर्पित साधक है।
जो जीवन के इस रहस्य को समझता है,
जो हर क्षण में,
प्रकृति की आवाज़ सुनता है।

यहाँ ध्यान की गहराई,
मन को शांति देती है,
हर साधना में,
एक आनंद का अनुभव है।
यहाँ अस्तित्व का सार है,
हर चीज़ का मूल्य है,
जो हमें सिखाता है,
जीने का एक नया तरीका।

शिंटो का यह संदेश,
हर आत्मा के लिए,
जो खोजती है उस सच्चाई को,
जो अदृश्य है,
पर अनुभव में गहराई रखती है।
यह जीवन का गूढ़ रहस्य है,
जो हमें एकता का अनुभव कराता है,
जैसे समुद्र का पानी,
हर लहर में मिल जाता है।

यहाँ हर सुबह,
एक नए सूरज की किरणों में,
नई संभावनाओं का आगाज़ है,
जो हमें जोड़ता है,
प्रकृति के इस रहस्य में,
जहाँ प्रेम और सम्मान की गूंज है।

रहस्य का यह रस,
हमें सिखाता है,
साधारणता में भक्ति है,
प्रकृति में श्रद्धा है,
और जीवन के इस अद्भुत खेल में,
हम सब एक साथ हैं।

प्रेम और मौन
(इस्लामिक सूफी दर्शन)

यह प्रेम का गहराई में उतरना,
जहाँ शब्दों का अस्तित्व मिट जाता है,
जहाँ हृदय की धड़कन,
सभी ध्वनियों को छू लेती है।
सूफी की दुनिया,
मौन की मधुरता में बसी है,
जिसमें आत्मा की पुकार सुनाई देती है।

प्रेम की वह लहर,
जो हर जीव में व्याप्त है,
जैसे एक बूँद पानी में,
संसार की गहराई का अक्स है।
यह वह यात्रा है,
जहाँ हर भावना,
एक अदृश्य धागे से जुड़ी होती है।

सूफी का प्रेम,
कभी हताशा नहीं,
कभी आकांक्षा नहीं,
बस एक सच्ची वफादारी है,
जो जीवन के हर रंग में बसी है।
यह वह चिरस्थायी गूंज है,
जो हृदय के दरवाजे को खोलती है।

मौन का यह मर्म,
जो शब्दों से परे है,
एक गहरी शांति की आहट,
जो आत्मा की गहराई में गूंजती है।
यह वह क्षण है,
जब मन थम जाता है,
और सिर्फ प्रेम की मौजूदगी महसूस होती है।

प्रेम की यह साधना,
सूफी के लिए एक पूजा है,
जिसमें हर सांस,
एक आराधना का स्वरूप है।
यह वह रास्ता है,
जो मन को विस्तारित करता है,
जैसे नदियाँ सागर से मिलती हैं,
एक नए रूप में।
यह प्रेम का रस,
जो हर दिल को छूता है,
जैसे फूलों की महक,
हर मुरझाए मन को सजीव कर देती है।
यह सूफी का आलिंगन है,
जो हर दर्द को सहलाता है,
हर आंसू को सुखाता है।

मौन की इस धारा में,
सत्य का अनुभव है,
जो हमें एकाकार करता है,
हर प्रेम में,
हर अल्फाज़ से परे।

यह वह सन्नाटा है,
जो सृष्टि की सच्चाई की आवाज़ है,
जो हमारे भीतर की गहराई को छू लेती है।

यह सूफी की यह साधना,
जो खुद से जुड़ने का तरीका है,
जहाँ हर कण में,
ईश्वर की उपस्थिति है।
यह वह प्रेम है,
जो हर रिश्ते को नया रूप देता है,
हर जिज्ञासा को एक हल्का सा मुस्कान बनाता है।

प्रेम और मौन,
एक-दूसरे के साथी हैं,
जैसे चाँद और तारे,
जो एक-दूसरे के बिना अधूरे हैं।
यह सूफी का दर्शन,
हमें सिखाता है,
जीवन में प्रेम की अद्वितीयता को,
और मौन की शांति में,
सच्चाई को जानने का अर्थ।

यह यात्रा,
कभी खत्म नहीं होती,
हर कदम पर,
हर पल में,
प्रेम की एक नई परत खुलती है,
और मौन की गहराई में,
हम खुद को खोजते हैं।

उत्तर आधुनिक और समसामयिक दृष्टिकोण

पोस्टमॉडर्न दर्शन:

पोस्टमॉडर्न दर्शन 20वीं सदी के अंत में उभरा और यह आधुनिकता की धारणाओं को चुनौती देता है। यह विचार करता है कि ज्ञान, सत्य और वास्तविकता सांस्कृतिक और ऐतिहासिक संदर्भों में निर्मित होते हैं। पोस्टमॉडर्निज्म में बहुलता, विविधता और अंतरसंवाद का महत्व होता है, और यह निरंतरता के बजाय परिवर्तन और अस्थिरता पर जोर देता है। इसे आर्ट, साहित्य और आर्किटेक्चर में भी देखा जा सकता है, जहाँ पारंपरिक रूपों और शैलियों के बीच मिश्रण होता है।

अज्ञेयवाद:

अज्ञेयवाद, या एथीसिज़्म, उस विचारधारा को संदर्भित करता है जिसमें ईश्वर के अस्तित्व के बारे में निश्चितता नहीं होती। यह न तो ईश्वर के अस्तित्व को स्वीकार करता है और न ही अस्वीकार करता है। अज्ञेयवादी यह मानते हैं कि ईश्वर की अवधारणा पर कोई ठोस प्रमाण नहीं है और इसलिए इसे ज्ञात नहीं किया जा सकता। यह दर्शन विज्ञान और तर्क पर आधारित है और किसी भी प्रकार के विश्वास को संदिग्ध मानता है।

भौतिकवाद:

भौतिकवाद वह दर्शन है जो सभी वास्तविकता को भौतिक पदार्थों से संबंधित मानता है। इसके अनुसार, सभी घटनाएँ, भावनाएँ और विचार भौतिक प्रक्रियाओं का परिणाम हैं। भौतिकवादी दृष्टिकोण से, मानसिक घटनाएँ केवल मस्तिष्क की भौतिक अवस्थाएँ हैं। भौतिकवाद ने विज्ञान

में महत्वपूर्ण भूमिका निभाई है, क्योंकि यह प्राकृतिक विज्ञानों में खोजों और प्रमाणों पर आधारित है।

स्त्रीवाद:

फेमिनिस्म एक सामाजिक, राजनीतिक और विचारधारात्मक आंदोलन है जो महिलाओं के अधिकारों और समानता की रक्षा करता है। यह लिंग के आधार पर भेदभाव को समाप्त करने और महिलाओं के खिलाफ अन्यायों को चुनौती देने के लिए काम करता है। फेमिनिज्म के विभिन्न रूप हैं, जैसे लिबरल फेमिनिज्म, सोशलिस्ट फेमिनिज्म, और एंटी-रेसिस्ट फेमिनिज्म, जो विभिन्न मुद्दों और दृष्टिकोणों पर ध्यान केंद्रित करते हैं।

ट्रांसहुमानिस्म:

ट्रांसहुमानिस्म एक विचारधारा है जो मानवता के विकास के लिए विज्ञान और तकनीक के उपयोग का समर्थन करती है। यह मानता है कि तकनीकी विकास के माध्यम से मानव क्षमताओं को बढ़ाना संभव है, जैसे कि जीवन काल को बढ़ाना, बुद्धिमत्ता में वृद्धि, और शारीरिक क्षमताओं को सुधारना। ट्रांसहुमानिज्म के समर्थक इसे मानवता के भविष्य के लिए आवश्यक मानते हैं, जबकि इसके आलोचक इसके नैतिक और सामाजिक प्रभावों पर चिंता व्यक्त करते हैं।

यथार्थ का चित्रण
(पोस्टमॉडर्न दर्शन)

कभी एक सरल चित्र था,
सपने में रची रेखाएँ,
जिन्हें देख, हमने गढ़े थे,
सच्चाई के कई रंग,
एक स्वप्निल चित्रकार की कल्पना,
जो वास्तविकता के सिरे को छूता था।

लेकिन अब,
वास्तविकता के दर्पण में,
बिखरे हैं टुकड़े,
जिसमें कोई एक तस्वीर नहीं,
कई चेहरों की छायाएँ,
कई परछाइयाँ,
कई स्वर,
कई ध्वनियाँ।

यहाँ, कोई अंतिम उत्तर नहीं,
कोई स्थिरता नहीं,
हम हैं भटकते हुए,
संदेह में,
खोजते हुए अर्थ,
किसी ठोस आधार के बिना।

आधुनिकता की साड़ी कढ़ाई,
जिनमें तंतु हैं ढीले,
धागे कहीं उलझे हैं,
कहीं बिखरे हुए।

यहाँ, हर कोना एक कहानी कहता है,
हर दीवार पर लिखी है,
किसी की नाकामी,
किसी की विजय,
किसी का अतीत,
किसी का भविष्य।

हर अनुभव,
एक नई व्याख्या का दरवाजा खोलता है,
जहाँ कोई एक सच्चाई नहीं,
बल्कि सच्चाइयों का कोलाज है।
हम विचार करते हैं,
क्या यह यथार्थ है?
या एक छलावा,
सिर्फ भ्रामक छवियों का संसार?
यहाँ पर, कोई विश्वास नहीं,
केवल प्रश्न हैं,
और प्रश्नों के चौराहे पर,
हम खड़े हैं,
एक अपूर्णता के बीच।

यथार्थ का यह चित्रण,
पोस्टमॉडर्नता की धारा में बहता,
अस्थिरता की लहरों पर तैरता,
जिसमें मानवीय भावना की गहराई है,
और विचारों की विविधता।
यहाँ हर कोई कलाकार है,
अपनी कहानी का रचनाकार,
जो रचता है अपने अनुभवों के रंग,
अपने नजरिए के ब्रश से।

फिर भी,

हम खोजते हैं,
सादगी के उन क्षणों को,
जब हर चीज़ सरल थी,
सचाई एक रूप में बसी थी।

लेकिन यह यथार्थ,
जिसे हम जीते हैं,
वह अब एक जटिलता है,
जिसमें कई परतें हैं,
कई दृष्टिकोण,
और अंतहीन संभावनाएँ।

यही है यथार्थ का चित्रण,
जो हमें चुनौती देता है,
आगे बढ़ने को,
नए प्रश्नों के साथ,
नए उत्तरों की खोज में,
जहाँ हम हैं,
एक अनिश्चितता में,
एक संभावना के क्षितिज पर।

यह हमारा यथार्थ है,
जिसमें हर कोई अपने तरीके से,
अपनी कहानी गढ़ता है।

विज्ञान और विश्वास
(अज्ञेयवाद और भौतिकवाद)

विज्ञान, एक चमचमाता तारा,
जो ज्ञान की खगोलशास्त्री में,
तारों की तरह बिखरा है,
अनंत संभावनाओं का विस्तार,
प्रश्नों के उत्तरों की खोज में,
हर दिशा में फैला हुआ,
हर कण में छिपा हुआ रहरय।

यहां, भौतिकता की जड़ें हैं गहरी,
जिनमें निहित है सत्य का अनुभव,
सिद्धांतों की बुनाई में,
शिक्षा का प्रकाश,
जिसने किया है परिभाषित,
हमारे अस्तित्व का मर्म,
दृष्टि को दी है एक नया आयाम।

लेकिन विश्वास,
वह एक कोमल धागा है,
जो हमें जोड़ता है,
आध्यात्मिकता के ताने-बाने में,
जहाँ सवालों का उत्तर नहीं,
बल्कि एक गहन अनुभव है,
जो रूह की गहराइयों में बसता है।

यहाँ, अज्ञेयवाद का मुखौटा,
खोलता है उन दीवारों को,
जो ज्ञान के दरवाजे तक पहुँचते हैं,
अज्ञेयता की धुंध में,

हम खोजते हैं उस ईश्वर को,
जिसका अस्तित्व,
या अनुपस्थिति,
सवालों का एक अंतहीन चक्र है।

जब भौतिकवाद हमें बताता है,
कि हम केवल एक संयोग हैं,
पदार्थों के खेल में,
तो विश्वास हमें याद दिलाता है,
कि हम हैं अनुभूतियाँ,
एक अदृश्य ताने-बाने में बंधे,
जो हमें आत्मा की गहराइयों से जोड़ता है।

विज्ञान की ओर,
हम बढ़ते हैं कदम-कदम,
हर खोज एक नया अध्याय,
जबकि विश्वास,
हमसे कहता है,
कभी-कभी खामोशी में भी,
एक कहानी होती है।

यह एक संतुलन है,
एक जटिल नृत्य,
जहाँ विज्ञान और विश्वास,
दोनों अपने स्थान पर,
मानवता के अनुभवों को गहराई देते हैं,
एक-दूसरे की छाया में रहते हुए,
समझते हुए कि जीवन,
केवल तथ्यों का संग्रह नहीं,
बल्कि एक भावना का बहाव है।

जब रात के अंधेरे में,
तारों की झिलमिलाहट हमें बुलाती है,

तो विज्ञान से अधिक,
विश्वास की मधुरता,
हमें सिखाती है,
कि हर उत्तर के पीछे,
एक नया प्रश्न छिपा होता है।

आगे बढ़ते हुए,
हम देखते हैं इस संघर्ष को,
विज्ञान और विश्वास के बीच,
जहाँ एक पथिक,
अपने कदमों से लिखता है,
जीवन की कविता,
हर ठोकर, हर अनुभव,
एक नए सूरज की ओर बढ़ता है।

स्त्रीवाद का संकल्प
(फेमिनिस्म)

एक सुबह का पहला प्रकाश,
जब धरती पर बिखरते हैं सपने,
एक आवाज़ गूंजती है,
धूप की किरणों से टकराते हुए,
यह स्त्री का संकल्प है,
जो घुटी हुई आवाज़ों से बाहर निकलता है,
न्याय की खोज में,
समानता के आकाश को छूने की ललक में।

वह समय,
जब चुप्पी का चोला उतरा,
और आत्मविश्वास की महक में,
हर आंसू ने लिया एक नया रूप,
यह उस संघर्ष की कहानी है,
जो सदियों से चलती आई है,
एक शांति की खामोशी में,
जो अब क्रांति का रूप ले रही है।

स्त्रीवाद का संकल्प,
कोमलता और दृढ़ता का संगम,
एक यात्रा,
जिसमें हर कदम पर उभरती हैं कथाएँ,
किसी के जीवन में छुपे सपने,
किसी की आत्मा में दबी इच्छाएँ,
यहाँ हम सब हैं,
एक साझी पहचान में बंधे हुए।

आवाज़ें जो कभी दबाई गईं,
अब एक रागिनी की तरह गूंजती हैं,
एकत्रित हो,
हर आवाज़ में हलचल है,
जो स्थापित करती है एक नया मानचित्र,
जहाँ साक्षात्कार का मार्ग प्रशस्त हो,
जहाँ लिंग की सीमाएँ मिट जाएँ,
और हर मनुष्य की पहचान हो।

इस संकल्प में,
न केवल स्त्रियाँ,
बल्कि हर व्यक्ति शामिल है,
एक बदलाव की बुनाई में,
जहाँ भ्रांति और भेदभाव को नकारते हुए,
हम उठाते हैं हाथ,
एकता के प्रतीक के रूप में।

यह समय है,
संस्कृति की धारा को मोड़ने का,
क्योंकि हर कहानी महत्वपूर्ण है,
हर अनुभव मूल्यवान है,
हम मानते हैं कि,
सिर्फ पुरुष नहीं,
महिलाएँ भी हैं समाज का अभिन्न हिस्सा,
जिनकी आवाज़ें,
हमेशा गूंजती रहेंगी।

हम संकल्प लेते हैं,
बुराईयों के खिलाफ खड़े होने का,
असमानता की जड़ों को उखाड़ने का,
जहाँ परंपराओं के ताने-बाने को,
नवीन दृष्टिकोण से पुनः परिभाषित किया जाए,
जहाँ हर स्त्री अपने अधिकारों के लिए खड़ी हो,

और निडरता से कहे,
"मैं यहाँ हूँ, मैं महत्वपूर्ण हूँ।"

यह संकल्प है,
आवाज़ की आज़ादी का,
जो जागरूकता की जड़ों में गहराई तक फैला है,
एक नए समाज का निर्माण करने का,
जहाँ न्याय और समानता का सूर्य हर रोज़ उगता है,
जहाँ हम सब हैं साथी,
संघर्ष के रास्ते पर,
एक दूसरे के हाथों में हाथ डालकर,
हमारी आवाज़ें,
एक सामूहिक गीत गाती हैं।

भविष्य का बौद्ध
(ट्रांसहुमानिस्म)

जब मनुष्य ने सपना देखा,
तारों को छूने का,
आसमान को फाड़ने का,
सृजन के उस क्षण में,
जब विज्ञान ने खोला एक नया द्वार,
उसकी कल्पनाओं के बंधन को तोड़कर,
नवीनता की हवा में उड़ान भरी।

भविष्य का बोध,
आर्टिफिशियल इंटेलिजेंस की सृष्टि में,
मानवता के पार,
सिर्फ कोशिकाओं और डीएनए से परे,
एक नया अस्तित्व तैयार करता है,
जहाँ तकनीक और जीव का मेल,
एक नई पहचान में ढलता है।

कृत्रिम बुद्धिमत्ता की उँगलियों से,
विज्ञान के पंखों पर सवार होकर,
हम चलते हैं अनजाने में,
नए संवेदनाओं की तलाश में,
असीम संभावनाओं के समुद्र में,
जहाँ मनुष्य केवल मनुष्य नहीं,
बल्कि एक उदात्त दृष्टि का स्वामी है।

जब भावनाएँ और मशीनें,
एक नए रिश्ते की बुनाई करती हैं,
जहाँ प्रेम के समीकरण में,

कोई डिजिटल छाया नहीं होती,
बल्कि एक गहरी समझ होती है,
जो हृदय के तारों को छूती है,
और आत्मा के गहराई में गूंजती है।

भविष्य का बोध,
जिसमें हम अतीत की धारणाओं को,
खुद को फिर से परिभाषित करते हैं,
जहाँ मानवता की सीमाएँ,
समाज के ताने-बाने में बदलती हैं,
नैतिकता और नैतिक दायित्व,
नई चुनौतियों का सामना करते हैं।

यहाँ पर,
संवेदनाएँ तकनीकी भाषा में बदलती हैं,
जहाँ भौतिकता और आभासीता,
एक नई वास्तविकता का निर्माण करती हैं,
जैसे कि हम खुद को देखते हैं,
एक नए रूप में,
सपनों के जाल में,
नए बोध के सिरे पर।

हम भविष्य के सूरज की ओर देखते हैं,
जो उगता है नवीनता की किरणों के साथ,
वहाँ हमारे पास है एक संकल्प,
समानता का,
एकता का,
जिसमें हर जीव का महत्व है,
हर अनुभव की गूंज है।

भविष्य का यह बोध,
हमसे कहता है,
कि तकनीक केवल उपकरण नहीं,

यह हमारे अस्तित्व का एक हिस्सा है,
जिसका उपयोग हमें करना है,
एक जिम्मेदार नागरिक के रूप में,
हमारे अपने वजूद को समझते हुए,
और एक नए युग का निर्माण करते हुए।

यह एक नया अध्याय है,
जहाँ मानवता और विज्ञान,
एक साथ कदम से कदम मिलाते हैं,
एक यात्रा की ओर बढ़ते हुए,
जहाँ हम हैं सब एक साथ,
भविष्य का बोद्ध,
जो हमें दिखाता है,
अनंत संभावनाओं का एक नया आकाश।

आध्यात्मिक चेतना का उत्कर्ष

स्वामी विवेकानंद का व्यवहारिक वेदांत

स्वामी विवेकानंद ने वेदांत के सिद्धांतों को व्यवहारिक दृष्टिकोण से प्रस्तुत किया। उनका मानना था कि "तुम्हारे भीतर जो है, वह तुम्हारी पहचान है।" उन्होंने आत्म-ज्ञान, व्यक्तिगत विकास, और सामाजिक सेवा पर जोर दिया। विवेकानंद ने यह भी कहा कि धर्म का उद्देश्य जीवन का विकास और सेवा करना है। उन्होंने भारतीय संस्कृति और आध्यात्मिकता को विश्व स्तर पर फैलाने के लिए प्रयास किए, और समाज में शिक्षा और सेवा के महत्व को उजागर किया।

महात्मा गांधी का दर्शन:

महात्मा गांधी का दर्शन अहिंसा, सत्य, और सच्चाई पर आधारित है। उन्होंने "सत्याग्रह" की अवधारणा विकसित की, जिसका अर्थ है सत्य के लिए संघर्ष। गांधी का मानना था कि अहिंसा ही सच्चा बल है, और समाज में परिवर्तन लाने के लिए व्यक्तिगत आत्म-शुद्धि आवश्यक है। उन्होंने धार्मिक सहिष्णुता, समानता, और सामाजिक न्याय पर भी जोर दिया। गांधी के विचारों का मुख्य उद्देश्य स्वतंत्रता के संघर्ष के माध्यम से एक बेहतर समाज की स्थापना करना था।

रवींद्रनाथ टैगोर का दर्शन:

रवींद्रनाथ ठाकुर का दर्शन मानवता, स्वतंत्रता, और सृजनात्मकता पर केंद्रित है। उन्होंने "वास्तविक शिक्षा" की आवश्यकता को समझा, जो न केवल ज्ञान, बल्कि आत्मा के विकास को भी महत्वपूर्ण मानती है। टैगोर ने भारतीय संस्कृति की समृद्धि और वैश्विक मानवता की एकता पर जोर दिया। उनके गीत और कविताएं मानवता की सुंदरता, प्रेम, और एकता को दर्शाती हैं। उन्होंने शिक्षा को जीवन का एक महत्वपूर्ण हिस्सा माना और "शांति निकेतन" की स्थापना की, जहाँ उन्होंने अपनी शैक्षणिक दृष्टि को व्यावहारिक रूप में लागू किया।

विनोबा भावे का भूदान

विनोबा भावे (11 सितंबर 1895 - 15 नवंबर 1982) भारत के एक महान स्वतंत्रता सेनानी, समाज सुधारक और गांधीवादी विचारक थे। उनका जन्म महाराष्ट्र के कोलाबा जिले में हुआ। विनोबा ने महात्मा गांधी के विचारों से प्रेरित होकर आजीवन सत्य, अहिंसा, और सेवा के मार्ग पर चलने का संकल्प लिया। वे विशेष रूप से भूदान आंदोलन के लिए प्रसिद्ध हैं, जिसे उन्होंने 1951 में शुरू किया था। इस आंदोलन में विनोबा ने लोगों से स्वेच्छा से अपनी जमीन का हिस्सा गरीबों को दान करने का अनुरोध किया। इसके माध्यम से उन्होंने देश में भूमि-समानता और सामाजिक न्याय का संदेश फैलाया।

महर्षि अरविंद का दर्शन:

महर्षि अरविंद का दर्शन "पूर्ण योग" (इंटीग्रल योग) के सिद्धांत पर आधारित है। उनके अनुसार, योग केवल व्यक्तिगत मुक्ति तक सीमित नहीं है, बल्कि यह एक सामूहिक चेतना के उत्थान का साधन भी है। उन्होंने कहा कि मानव जीवन में हर पहलू – शरीर, मन, और आत्मा – का विकास आवश्यक है। उनका विश्वास था कि ईश्वर को केवल ध्यान या साधना से नहीं, बल्कि जीवन के हर कार्य में देखा और अनुभव किया जा सकता है। अरविंद का दर्शन एक सतत विकास और दिव्यता को धरती पर लाने की प्रक्रिया है, जहाँ मनुष्य अपनी सभी क्षमताओं को जागृत कर एक दिव्य जीवन जी सकता है।

महर्षि रमण का दर्शन:

महर्षि रमण का मार्ग "आत्मविचार" (Self-Inquiry) पर आधारित है। उनके अनुसार, व्यक्ति को केवल यह जानना चाहिए कि "मैं कौन हूँ?"। उनका मानना था कि इस प्रश्न पर गहराई से चिंतन करते हुए व्यक्ति अपने मूल स्वरूप, यानी आत्मा या ब्रह्म से एकाकार हो सकता है। उन्होंने मौन को आत्मज्ञान का सबसे सरल और प्रभावी साधन माना। रमण के अनुसार, यह प्रश्न और मौन का अभ्यास व्यक्ति को सभी भ्रमों और अहंकार से मुक्त करता है, और उसे उसके वास्तविक स्वरूप का अनुभव कराता है।

जिद्दू कृष्णमूर्ति का दर्शन:

जिद्दू कृष्णमूर्ति ने अपने विचारों में पारंपरिक धर्म और समाज की सीमाओं को चुनौती दी। उन्होंने व्यक्तिगत स्वतंत्रता, आत्म-खोज, और मानसिक जागरूकता पर जोर दिया। कृष्णमूर्ति का मानना था कि सच्चा ज्ञान किसी भी धार्मिक या सांस्कृतिक मान्यता से परे है। उन्होंने शिक्षा को मन की स्वतंत्रता का माध्यम माना और कहा कि आत्मा का विकास केवल व्यक्तिगत अनुभव और आत्म-जागरूकता से ही संभव है। उनका दर्शन विचारों, भावनाओं, और आत्म-स्वीकृति के माध्यम से जीवन के गहरे अर्थ की खोज पर केंद्रित है।

ओशो रजनीश का दर्शन:

ओशो रजनीश ने ध्यान, प्रेम, और जश्न की अवधारणा को प्रस्तुत किया। उनका मानना था कि जीवन को पूरी तरह से जीना चाहिए और किसी भी प्रकार की बंधन से मुक्त रहना चाहिए। ओशो ने ध्यान को मानसिक स्वास्थ्य और आत्मा के विकास का एक महत्वपूर्ण साधन माना। उन्होंने पारंपरिक धर्मों और समाज की मान्यताओं को चुनौती दी और स्वतंत्रता, स्वाभाविकता, और आनंद की खोज पर जोर दिया। उनके विचारों में व्यक्तित्व विकास और आध्यात्मिकता का गहरा संबंध है, जिसमें वे जीवन को एक उत्सव के रूप में देखने की सलाह देते हैं।

सार्वभौमिक सत्य

(विवेकानंद का व्यवहारिक वेदांत)

स्वामी विवेकानंद,
तुमने दिखाया सत्य का मार्ग,
जो संकीर्ण सीमाओं से परे,
मनुष्य के हृदय की गहराइयों में छिपा है।
तुमने कहा,
"तुम्हारे भीतर की शक्ति,
तुग्हारी पहचान है,
यह चैतन्य का स्रोत है,"
हर जीव में जो जागृत हो,
एक दिव्यता का प्रतिबिंब है।

सार्वभौमिकता का संदेश,
न केवल विचारों में,
बल्कि कर्मों में भी,
हर किसी के हृदय को छूता है,
क्योंकि तुमने सिखाया,
"सभी मानवता एक है,"
हर भिन्नता में,
समानता की अनुगूंज है।

तुम्हारा व्यवहारिक वेदांत,
एक नया दृष्टिकोण है,
जो हमें सिखाता है,
कैसे जीना है इस जगत में,
सत्य और प्रेम के मार्ग पर,
जहाँ हर व्यक्ति का मूल्य है,
एक अद्वितीय अनुग्रह।
आध्यात्मिकता का दीप जलाकर,

तुमने कहा,
"सिर्फ स्वार्थ के लिए जीना,
जीवन का असली अर्थ नहीं,"
जीने का अर्थ है,
दूसरों की भलाई में रहना,
उन्हें पहचानना,
उनकी भावनाओं को समझना।

तुम्हारे विचारों में है,
मानवता की व्यापकता,
संस्कृतियों के समागम में,
भाषाओं के मेलजोल में,
जहाँ भिन्नता एकता की पहचान है,
एक बड़ा परिवार बनने की ओर।

तुमने हमें बताया,
"धर्म का असली मतलब है,
जीवन में आदर्श लाना,"
आध्यात्मिकता के रंगों में,
कर्म और सेवा का संगम,
यह है सच्ची भक्ति,
जिससे मानवता की तस्वीर बनती है।

जीवन के हर क्षेत्र में,
तुम्हारा सत्य हमें प्रेरित करता है,
स्वयं को पहचानने की,
संसार को बदलने की,
हर प्रयास में जोड़ता है,
एकता के सूत्रों को,
जहाँ प्रेम और सहिष्णुता का राज है।

स्वामी विवेकानंद,
तुम्हारी शिक्षाएं,
सिर्फ शब्द नहीं,
बल्कि एक ज्वाला हैं,
जो हमें जलाती हैं,
हर कठिनाई में,
आगे बढ़ने की प्रेरणा देती हैं।

सार्वभौमिक सत्य,
तुम्हारे व्यवहारिक वेदांत में,
जगमगाता है,
हर दिल की गहराई में,
एक नया जागरण लाता है,
जहाँ मानवता की अद्वितीयता,
एक नए जीवन की शुरुआत है।

तुम्हारी दृष्टि में,
हर समस्या का हल है,
जब हम अपने भीतर की शक्ति को पहचानते हैं,
और सच्चाई की ओर बढ़ते हैं,
तो हर दीवार गिर जाती है,
हर अंतर समाप्त हो जाता है,
और हम सभी मिलकर,
एक विश्व बना सकते हैं,
जहाँ हर दिल का एक ही सपना हो।

मानवता का संदेश
(महात्मा गांधी का दर्शन)

गाँधी, तुमने दिखाया
कैसे जीना है सच्चाई के साथ,
कैसे चलना है अहिंसा के पथ पर,
जीवन के हर क्षण में
मानवता की महत्ता को समझते हुए।

तुमने कहा,
 "आँख के बदले आँख,
किसका न्याय है?"
संगठित संघर्ष की ताकत में,
एकत्रित हुई आवाज़ें,
जो कभी न रुकीं,
कभी न थकीं।

तुम्हारे विचारों में,
सादगी का स्वर है,
बुराई को नकारते हुए,
सद्भावना के रंग में रंगे,
जिन्हें तुमने एक नए पथ पर चलने का हौसला दिया।

सत्य और प्रेम,
तुम्हारी शस्त्र हैं,
जिनसे तुमने दुनिया को सजाया,
धैर्य की ताकत से,
हर कठिनाई का सामना किया,

समाज में बदलाव लाने का
एक नई धारा प्रवाहित किया।

जब तुमने कहा,
 "जो परिवर्तन तुम देखना चाहते हो,
वह खुद में लाओ" ,
तो मानवीयता की लौ जल उठी,
हर दिल में, हर मन में,
एक नई उम्मीद ने जन्म लिया।

दुनिया की हर दीवार को तोड़कर,
एकत्रित हुए विचार,
जो हर मन को प्रेरित करते हैं,
जिन्हें तुमने दी,
समर्पण की पहचान,
और संघर्ष की प्रेरणा।

गाँधी, तुमने सिखाया,
कि असत्य के मार्ग पर चलने वाले,
कभी न जीतेंगे।
हम सभी को मिलकर,
एक नई रोशनी की ओर बढ़ना है,
जहाँ मानवता का संदेश,
हर दिल में गूंजता है।

हम चलेंगे,
तुम्हारे दिखाए रास्ते पर,
अहिंसा, प्रेम और सद्भावना के साथ,

हर कदम पर मानवता का ख्याल रखते हुए,
तुम्हारी विरासत को आगे बढ़ाते हुए,
हम सब एक हैं,
एक ही मानवता के अंग।

तुम्हारी बातें,
आज भी हैं जीवंत,
हर आवाज़ में, हर विचार में,
मानवता का सच्चा स्वर,
गाँधी, तुम हो हमारे साथ,
हर कदम पर,
हर संघर्ष में,
हम आगे बढ़ेंगे,
तुम्हारे दिखाए मार्ग पर।

वास्तविक शिक्षा
(रविन्द्र नाथ टैगोर का दर्शन)

शिक्षा,
तुम्हारी आंखों में
अनंत संभावनाओं का आकाश,
जो खोलता है मन की परतों को,
जहाँ ज्ञान का दीप जलता है,
संवेदनाओं के सरोवर में।

टैगोर,
तुमने कहा,
 "शिक्षा का अर्थ केवल जानकारी नहीं,
यह आत्मा का विकास है,"
एक साधारण सी बात,
फिर भी गहराई से भरी।
शिक्षा की धारा में
जीवन के हर रंग का समावेश है,
जन्म से मृत्यु तक,
हर पल का अनुभव।

तुमने समझाया,
ज्ञान केवल पुस्तकों से नहीं मिलता,
यह तो प्रकृति की गोद में,
आसमान की ऊँचाइयों में,
धरा की कोख में छिपा है,
जहाँ हर फूल, हर पत्ता,
एक कहानी कहता है।

शिक्षा हो,

तो वह हो शुद्ध,
स्वतंत्रता की भावना के साथ,
जहाँ बच्चे हों अपने सपनों के सिपाही,
जिनकी आँखों में झिलमिलाती हो
संसार को बदलने की चाह।

तुम्हारी शिक्षाओं में,
मानवता का संदेश है,
भाषाओं की विविधता में,
संस्कृतियों के संगम में,
एक दूसरे के प्रति सहिष्णुता,
जो जोड़ता है सभी को।

गुरुदेव,
तुमने कहा,
 "जब तक हम प्यार से नहीं पढ़ाते,
शिक्षा अधूरी है,"
एक सरल विचार,
पर जीवन के हर रंग में रंगी।
हर बच्चे का मन,
किसी फूल की तरह खिलता है,
जब उसे सिखाते हैं
धैर्य, करुणा, और सहिष्णुता।

जीवन की वास्तविकता से
शिक्षा का कच्चा धागा बुनना,
हर अनुभव को सहेजना,
एक यात्रा है,
जो हमें बनाती है सम्पूर्ण।

सच्ची शिक्षा में है,
स्वतंत्रता और आत्मनिर्भरता,
जहाँ बच्चे खुद खोजें,

जीवन के अनगिनत प्रश्नों के उत्तर,
जहाँ सीखना हो आनंद,
और ज्ञान हो प्रेम का अवतार।

टैगोर,
तुम्हारे विचारों ने सिखाया,
शिक्षा का उद्देश्य है,
स्वयं को जानना,
संसार को समझना,
एक सशक्त नागरिक बनना,
जो समाज के प्रति अपनी जिम्मेदारी समझे।

तुम्हारी धरोहर में है,
सत्य, प्रेम और सौंदर्य का संगम,
जो हमें प्रेरित करता है
अपने भीतर की ज्योति को जगाने,
हर दिल को जोड़ने,
एक मानवता के ताने-बाने में।

शिक्षा का यह सफर,
कभी न खत्म होने वाला है,
क्योंकि यह है जीवन का असली अर्थ,
एक गहरी साधना,
जो हमें ले चलती है,
खुद को पहचानने की ओर,
और दुनिया को बदलने की ओर।

सेवा का सत्य
(विनोबा भावे का भूदान)

भारत भूमि की माटी से जन्मा,
हृदय में धारण किया उसने वह सत्य,
जो बहता था युगों से–
सेवा, दान, और प्रेम के गीतों में।

विनोबा, उस नाम में एक प्रतिध्वनि,
जो सुनाई देती है जन-जन की पुकार में।
पग-पग पर बिछते थे लोग,
हृदय खोल देते थे अपनी भूमि के अंश।

वह नहीं माँगते थे;
वह कहते थे–
सेवा का अर्थ केवल देना नहीं,
बल्कि आत्मा का विस्तार है,
सीमाओं का विलय है,
जहाँ एक हाथ बढ़ता है दूसरे के लिए,
वहां सारा जगत साथ बढ़ता है।

विनोबा का हर कदम एक क्रांति था,
पर हिंसा की चीख नहीं थी उस क्रांति में,
थी शांति की गूँज,
जो बदल देती थी पत्थरों को फूलों में।

भूदान में निहित था उसका सत्य–
एक संकल्प,
कि कोई न रहे भूमि से वंचित,
कोई न रहे अनाथ इस धरती पर।
उसने सींचा सपनों को,

पसीने और प्रेम से,
एक ऐसे समाज का,
जहाँ संपत्ति न हो शक्ति का प्रतीक,
बल्कि हो समर्पण का साक्ष्य।

विनोबा का वो सफर था–
धरती से दिलों तक का,
एक आवाहन,
कि जिस भूमि पर तुम खड़े हो,
वह किसी की व्यक्तिगत संपत्ति नहीं,
वह पृथ्वी का हक है,
हर जीव का, हर मानव का।

उसने नहीं बांटी मात्र भूमि,
उसने बांटे विश्वास,
उसने बांटी संवेदनाएँ,
उसने बांटे वे विचार,
जो बहते हैं रक्त में सेवा के माध्यम से।

भूदान, केवल दान नहीं था–
वह था जीवन की एक परिभाषा,
एक दृष्टि,
जो देखती थी मनुष्य को सम्पूर्ण रूप में,
समानता की दृष्टि से,
जिसमें कोई ऊँच-नीच नहीं।

विनोबा, एक मार्गदर्शक,
उसने समझाया सेवा का सत्य–
संपत्ति की बाड़ नहीं,
बल्कि एकता का पुल है।
भूमि को बाँटकर नहीं,
हृदयों को जोड़कर उसने दिया भूदान।

वह चला गया,
पर उसकी आवाज़ आज भी गूंजती है,
हर उस कोने में, जहाँ जमीन की खुशबू है।

विनोबा का भूदान,
सेवा का सत्य–
जो हमें सिखाता है,
कि सच्ची सेवा में न कोई सीमा है,
न कोई बंधन,
बस एक अविरल प्रवाह है,
प्रेम का, त्याग का, और समर्पण का।

आज भी वह पुकार हमारे भीतर है,
कि हम उठें,
हृदयों को भूमि की तरह बाँटें,
और सेवा के उस सत्य को जीवन में उतारें।
विनोबा का भूदान–
वह सत्य, जो हमें जोड़ता है।

आध्यात्म का नया दृष्टिकोण

(अरविंद का पूर्ण योग)

असीम विस्तृत नभ के छोरों पर,
जहाँ चेतना की लहरें उठती हैं,
मनुज के भीतर कहीं गूढ़,
उस अनंत की पुकार सुनाई देती है।

नहीं अब सीमित, संकुचित साधना की,
जहाँ अंतःकरण बस एकांत में खोजता रहा।
पर आज चेतना के नए द्वार खुले हैं,
हर अंश, हर कण, हर पल में,
जगजगाता एक महासागर, पूर्ण योग का।

अरविंद के इस योग में,
न ही मोक्ष का लोभ, न परलोक की चिंता,
यह जीवन ही साधना का पथ,
यह कर्म, यह सोच, यह प्रेम की लहर,
सबके भीतर बसी है एक नई खोज।

समर्पण नहीं पर समावेश,
जहाँ आत्मा और संसार का भेद मिटता है,
जहाँ दिव्यता का स्पर्श पाता है यह शरीर,
यहाँ नहीं विलगाव, नहीं पलायन,
बस एक अखंड सत्य का साक्षात्कार।

प्रेम है साधन, सेवा है स्वर,
कर्म है उपासना, सत्य है आधार,
यह पूर्णता का दर्शन, यह योग का मार्ग,
जहाँ स्व को जानना है सम्पूर्ण जगत में,
जहाँ भिन्नता भी एकता में लय हो जाती है।

कोई नियम नहीं, कोई सीमा नहीं,
बस एक अंतहीन यात्रा, भीतर से बाहर तक,
जहाँ मनुष्य का हर कृत्य एक साधना है,
और हर साधना एक परम बलिदान।

यह आत्मा का विस्तार है,
जो केवल अपने भीतर न सिमटता,
पर बहता है, फैलता है,
हर श्वास, हर स्पंदन में,
हर जीवन, हर मृत्यु के पार।

तो आओ, इस नई यात्रा में बढ़ें,
अरविंद की दृष्टि से देख, समझ, जीएँ,
इस पूर्ण योग में बहें,
जहाँ संपूर्णता का अमृत हर अंश में घुला है,
यह योग, यह साधना, यह जीवन – सब यहीं है,
और कहीं नहीं, बस इसी पल में, इस क्षण में।

पूर्णता का यह सागर,
जिसमें हम सब एक ही तरंग हैं,
जिसमें सबका एक ही गंतव्य,
वह सत्य, वह परम, जो बस 'मैं'   नहीं,
पर सबमें, सबके लिए, सबका है।

अरविंद का यह नया दृष्टिकोण,
पूर्णता का यह उद्घोष,
जहाँ साधना और संसार,
दोनों मिलकर एक ही स्वर में गूंजते हैं।
यहाँ और अब, यही है सत्य, यही है पूर्ण योग।

मौन का शोध
(रमण महर्षि का आत्मज्ञान)

शब्दों की भीड़ से परे,
जहाँ विचारों का शोर थमता है,
वहाँ मौन की अनंत गहराई में,
रमण महर्षि का एक प्रश्न जगता है–
"मैं कौन हूँ?"

यह प्रश्न नहीं, एक जलता हुआ दीपक है,
जो मन की अंधेरी गुफाओं में प्रवेश करता है,
धुएं की तरह उठती इच्छाओं को भस्म करता,
विचारों के तम को छूता,
और मौन की उज्ज्वलता में घुलता है।

यह मौन कोई खालीपन नहीं,
यह आत्मा की पुकार है,
जहाँ सब कुछ छोड़कर
मनुष्य अपने सत्य की ओर बढ़ता है,
मूल की ओर, अस्तित्व की ओर।

रमण कहते हैं, मौन कोई साधन नहीं,
यह कोई मंज़िल नहीं, यह आत्म का स्वभाव है,
जहाँ कोई प्रयास नहीं,
न कोई इच्छा, न कोई लक्ष्य,
बस होना, सिर्फ होना।

सांसों के प्रवाह में, हृदय की धड़कन में,
इस मौन में छिपा है एक असीम सत्य,
जहाँ मन की खिड़कियां खुलती हैं,
अहंकार का पर्दा हटता है,
और आत्मा का प्रकाश निखरता है।

यह खोज, यह मौन का पथ,
नहीं किसी ग्रंथ का अध्ययन,
नहीं किसी नियम की कैद,
यह तो बस एक अंतहीन देखना है,
भीतर, और भीतर, जहाँ सब कुछ विलीन होता है।

साधना नहीं, समर्पण है,
चुप्पी नहीं, अनुग्रह है,
इस मौन में घुलते हुए,
मनुष्यता का सम्पूर्ण सत्य,
बिना शब्द, बिना भाषा, प्रकट होता है।

रमण के मौन में, आत्मा स्वयं को जानती है,
न हर्ष है, न विषाद, बस एक शांत समुद्र,
जहाँ कोई लहर नहीं, कोई हलचल नहीं,
बस निर्वाण का एक स्थिरतम क्षण है।

यहाँ कोई दो नहीं, न संसार न आत्मा,
यहाँ सब कुछ एक ही लय में धड़कता है,
एक ही अदृश्य धारा, जो सबको जोड़ती है,
हर बंधन से मुक्त, हर शोर से परे।

मौन का यह शोध

केवल अंत नहीं, आरंभ भी है,
यह यात्रा है उस अद्वितीय अनुभव की ओर,
जहाँ आत्मा अपने अनंत रूप में खिलती है,
अपने संपूर्ण अस्तित्व में झलकती है।

रमण का आत्मज्ञान,
यह मौन का सत्य, यह सरलता,
जो बताता है–
हम वहीं हैं, जो हम हमेशा से थे,
जो शब्दों में कभी नहीं बांधा जा सकता,
बस मौन में ही अनुभव किया जा सकता है।

तो चलो, इस मौन के गहनतम सागर में डूबें,
रमण के प्रश्न के संग, "मैं कौन हूँ?"
और उत्तर की प्रतीक्षा में नहीं,
बस मौन में ही इस प्रश्न को विलीन होने दें।

साधना का साक्षात्कार
(जिद्दू कृष्णमूर्ति का दर्शन)

साधना,
एक गहरा सफर,
जो हमें आत्मा की गहराइयों में ले जाता है,
जहाँ विचारों का समुद्र,
और संवेदनाओं की लहरें मिलती हैं,
हर क्षण में एक नया अनुभव,
हर क्षण में एक नया दृष्टिकोण।

जिद्दू कृष्णमूर्ति,
तुमने कहा,
"सत्य की खोज में,
किसी पर निर्भर मत हो,"
स्वयं में खोजो,
स्वयं में पहचानो,
क्योंकि हर उत्तर,
तुम्हारे भीतर ही छिपा है।

तुम्हारी बातें,
बातों की परतों को खोलती हैं,
तर्क और अविश्वास के सागर में,
जहाँ साधना का मतलब है,
एक अदृश्य यात्रा,
खुद को जानने की,
अपने ही विचारों को समझने की।

सच्चा ज्ञान,
किताबों में नहीं मिलता,
यह तो अनुभव की भट्टी में तपता है,

जहाँ मन की जंजीरें टूटती हैं,
और स्वभाव की प्रकृति उजागर होती है,
हर अहंकार की परछाई में,
सत्य का प्रकाश चमकता है।

"आत्मा की गहराइयों में उतरना,"
तुमने हमें सिखाया,
हर भावना को समझना,
हर विचार को देखना,
बिना किसी मूल्यांकन के,
एक शुद्धता की ओर बढ़ना,
जहाँ अज्ञान की दीवारें गिरती हैं।

साधना का साक्षात्कार,
कभी न समाप्त होने वाला सफर,
कभी न थकाने वाली खोज,
क्योंकि यह है खुद के प्रति,
एक सच्चा समर्पण,
जिसमें है प्रेम का अनुभव,
जो हमें जोड़ता है हर जीव से।

तुम्हारी शिक्षाएं,
प्रकृति के साथ समर्पण में हैं,
तुमने कहा,
"संसार को समझना है,
तो पहले खुद को जानो,"
यह एक साधना का मार्ग है,
जो हमें सिखाता है,
कैसे जीना है स्वतंत्रता में।

तुम्हारे विचारों में है,
मन की जटिलताओं का सामना,
विज्ञान और आध्यात्मिकता का मिलन,

जहाँ हर स्थिति में,
सत्य की खोज है,
और आत्मा की गहराई में,
हम सभी की एकता है।

साधना,
एक खामोशी में मिलती है,
जहाँ शब्द मौन होते हैं,
और दिल की धड़कन,
सत्य का गीत गाती है,
कृष्णमूर्ति,
तुम्हारे दर्शन में है,
जीवन की हर परिस्थिति का उत्तर,
एक गहरी पहचान की ओर।

इस साक्षात्कार में,
हर मन की यात्रा का सार है,
जहाँ साधना है प्रेम का अनुग्रह,
और जीवन है एक बेशकीमती उपहार,
जिसमें हम सब एक हैं,
एक विशालता में,
जहाँ साधना का साक्षात्कार,
सत्य की सच्चाई बनता है।

मौन का महासागर
(ओशो रजनीश का दर्शन)

मौन,
एक गहरा महासागर,
जहाँ शब्दों की लहरें शांत हो जाती हैं,
ध्वनि के विकारों से परे,
एक गहराई में उतरता है मन,
जैसे जल में डूबता हुआ कोई तारा,
खुद को पहचानने की अद्भुत यात्रा।

ओशो,
तुमने कहा,
"मौन में ही है सच्चा ज्ञान,"
क्योंकि शब्द,
सिर्फ छाया हैं उस सत्य की,
जो गहराई में छिपा है,
जहाँ विचारों की हलचल थम जाती है,
और आत्मा की आवाज़ सुनाई देती है।

संसार की भागदौड़ में,
हम शब्दों की जंजीरों में बंधे हैं,
पर मौन,
तुम्हारे सन्देश का सार है,
यह एक खामोशी में है,
जो हमें जोड़ता है सृष्टि से,
हर जीव के साथ,
एक अदृश्य धागे से।

मौन में,

वह गहराई है,
जहाँ खुद से मिलना है,
अपने भीतर की आवाज़ सुनना है,
तुम्हारी शिक्षाओं में है,
एक अनकही स्वतंत्रता,
जो हमें निडर बनाती है,
हर द्वार खोलने के लिए।

ओशो,
तुम्हारे शब्द,
एक यात्रा की शुरुआत हैं,
जब हम खुद को खोकर,
अपने भीतर के मौन में पहुँचते हैं,
वह मौन जो कहता है,
"तुम हो वही, जो तुम हो,"
हर भेदभाव से परे,
हर पहचान के बिना।

संसार की ऊधम में,
हम भूल जाते हैं,
मौन की गहराई में छिपा है,
सच्चा सुख,
एक शांति का अनुभव,
जो हमें जोड़ता है हर सांस से,
हर धड़कन के साथ।

तुमने कहा,
"मौन का अर्थ है,
सुनना अपने भीतर,"
यह सुनना,
हर विचार की परछाई को हटाना है,
जहाँ हम बनते हैं,
अपने ही अस्तित्व का साक्षात्कार।

मौन का महासागर,
हमें खींचता है,
अपने अनंत गहराइयों की ओर,
जहाँ न तो समय है,
न कोई सीमा,
सिर्फ शुद्धता है,
एक ऊर्जा का प्रवाह,
जो हमें जीवन की असलियत से मिलाता है।

ओशो,
तुम्हारी बातें,
एक जीवनदायिनी धारा हैं,
जो हमें सिखाती हैं,
कैसे जीना है मौन में,
कैसे पहचानना है अपने अंदर,
एक खामोश संगीता में,
जो हर क्षण को महत्व देती है।

सच्चे मौन में,
हम पाते हैं,
शांत आकाश की अनंतता,
जैसे किसी तारे की चमक,
जो हमें बताती है,
कि हम हैं एक,
सभी के साथ,
एक मौन महासागर में,
जहाँ प्रेम की लहरें बहती हैं,
हर दिशा में,
हर हृदय में।